카자흐스탄 잠빌광구 방문

오클라호마 플리머스 셰일가스전

잠빌광구 점화장면(2013)

잠빌광구 시추선 Caspian Explorer

카자흐스탄 악자르 육상 광구 방문

헬기로 카자흐스탄의 사막과
카스피해 유전 방문

텍사스 이글포드 셰일가스 시추현장

이글포드 수압파쇄현장

멕시코만 심해저 시추현장

에너지 시장의 파워게임

텍사스 프리포트 LNG 작업시설

프리포트 방문

루이지애나 레이크 찰스 롯데케미컬 에타놀 크래커 플랜트 건설현장

OTC(Offshore Technology Conference)한국관 개소식

OTC 휴스턴 상공회의소
회장단 방문

OTC 코리아 에너지 포럼

OTC 리셉션

에너지 시장의 파워게임

OTC 전시관

휴스턴의 한국, 노르웨이,브라질 에너지 협의체

우크라이나 사태와 에너지 시장 변화에 대한 서울대 특강

에 너 지
시 장 의
파워게임

에너지 시장의 파워게임
셰일 혁명, 석유왕국의 심장을 쏘다

© 백주현, 2016

1판 1쇄 인쇄__2016년 10월 01일
1판 1쇄 발행__2016년 10월 10일

지은이__백주현
펴낸이__홍정표

펴낸곳__글로벌콘텐츠
　　　　등록__제 25100-2008-24호

공급처__(주)글로벌콘텐츠출판그룹
　　　　대표__홍정표　**이사**__양정섭　**디자인**__김미미　**기획·마케팅**__노경민
　　　　주소__서울특별시 강동구 천중로 196 정일빌딩 401호　**전화**__02-488-3280　**팩스**__02-488-3281
　　　　홈페이지__www.gcbook.co.kr

값 13,800원
ISBN 979-11-5852-123-3 03340

셰일 혁명, 석유왕국의 심장을 쏘다

에너지 시장의 파워게임

백주현 지음

글로벌콘텐츠

"레이건 미국 대통령은 사우디 정부와의 묵계 하에 유가를 배럴당 10달러 수준으로 떨어뜨려 1991년 말 냉전시대의 막을 내리고, 악의 제국 소련을 붕괴시키는데 성공하였다."

"미국은 셰일오일 가스 생산 기술로 하루 5.5백만 배럴의 원유를 추가로 생산, 1천만 배럴을 생산하여 사우디, 러시아와 함께 3대 산유국에 등극하였다"

1991년과 2014년에 국제정치무대에서 일어난 두 개의 커다란 사건, 소련의 붕괴와 셰일 혁명은 인류 전체의 생활 방식과 세계관을 송두리째 바꾸어 놓고 있다.

2015년 체결된 파리 기후변화협약은 이러한 추세를 가속화 시키고 있다. 인류의 생활 방식과 에너지 소비행태의 혁명적 변화를 예고하는 인류문명사의 기념비적인 사건일지도 모른다. 나무, 석탄, 석유, 가스 시대를 넘어 인류를 새로운 세상으로 안내할 지 모른다.

2015년 아부다비에서 출발했던 스위스 제작 태양광 항공기 (Solar Impulse 2)의 세계일주가 2016년 7월 완결되었다. 솔라셀과 리튬폴리머 배터리로 지구 한 바퀴를 완주한 이 비행은 화석연료의 사용을 현저하게 줄일 청정에너지 시대를 예고하고 있다.

그러나 가까운 중국에서는 수도 베이징을 '스모게돈'이라고 부를 정도로 환경오염이 국민들의 생활을 직접적이며 치명적으로 위협하고 있다.

앞으로 10년 후 또는 20년 후에는 석유와 석탄의 사용은 급격히 줄어들고, 청정에너지인 천연가스와 태양광, 풍력 등의 신재생 에너지가 인류의 주요 에너지원이 될지도 모른다. 재생에너지는 자체의 약점을 보완하는 저장기술에 의해 그 효용이 한층 높아질 수 있다.

가난한 그리스 이민자의 아들이며, 텍사스 갤버스턴 출생인 조지 미첼은 석유시추로 벌어들인 막대한 자산을 셰일오일, 가스 생산 기술 개발에 쏟아부어 셰일 혁명을 일으켰다.

1973년의 제1차 오일쇼크 이래 40년 이상 국제 정치판을 쥐고 흔들던 석유수출국기구(OPEC)의 헤게모니는 이제 서서히 역사의 저편으로 사라져 가고 있다. 이제 OPEC의 영향력은 줄어들고

OGEC(가스 수출국 기구)가 탄생할지도 모른다.

신재생 에너지 벤처기업이 생기기 무섭게 인수합병으로 없애버렸던 메이저 석유기업들의 위세도 꺾이기 시작했다. 지구의 오염과 기후 변화를 방지하기 위해 전 세계 국가가 합의한 파리 기후변화협약은 인류에게 제4의 산업혁명을 예고하고 있다.

그러나 모든 전문가들이 한쪽 방향으로 이야기를 몰아갈 때 정신을 차려야 한다. 석탄이 곧 사라질 것 같지만 탄소포집기술이 점점 더 발달하고 있다. 발전소에서 내뿜는 이산화탄소를 다시 거두어 들여 처리할 수 있다면 석탄의 유용성은 유지될 수 있다.

필자는 전통적 에너지 시장에서 비전통적 에너지 자원의 출현으로 급격하게 변화해 가는 국제 에너지 시장의 상황을 고찰하고, 국제 정치가 에너지 수급에 어떠한 영향을 미치는지에 관해 분석하고자 한다.

필자는 소련과, 러시아, 카자흐스탄에서의 근무 경험과 30여 년에 걸쳐 관련 업무를 담당하고, 정부 간 교섭에 참여한 경험을 바탕으로 이 글을 작성하기로 하였다. 우리 정부가 그동안 간단없이 추진해왔던 에너지 외교에 대해서 뒤돌아보고 에너지 시장에 영향을 미치는 국제정치 메커니즘을 이해하는 것이 필요하다는 생각에 펜을 들었다.

무엇보다도 2014년 하반기부터 시작된 석유와 가스 가격의 폭락이 얼마나 오래 계속될지를 분석하여 우리의 에너지 정책을 수립하는데 기여하고자 한다. 만약에 앞으로 오랫동안 저유가 상태가 유지될 것이라고 생각하고 정책을 수립했다가 갑자기 유가나 가스 가격이 급등을 하게 되면 우리 경제는 또 한바탕 커다란 소란을 겪게 될지도 모르기 때문이다.

　2008년 7월 유가가 배럴당 147달러까지 급등했던 현상과 2016년 2월 26달러까지 폭락하는 상황은 우리가 불과 8년이라는 짧은 기간에 경험한 현상이다. 이러한 현상은 앞으로도 반복될 수 있을 것이다. 인도가 7%의 경제성장률에서 10%를 넘는 고도 경제성장 단계에 진입하고, 중국이 내부적으로 경제 체질을 바꾸는 과정을 거쳐 또 다시 견조한 경제성장을 시현한다면 에너지 가격이 폭등하는 일이 다시 벌어질지 누가 알겠는가?

　우리가 지향해야 할 목표는 자원 개발로 일확천금의 이익을 내는 것이 아니다. 우리 경제의 기초 자양분을 안정적으로 확보하는 것이다. 이제 에너지 시장의 판도가 바뀌어 자주 개발율이라는 목표에 집착할 필요도 없다. 우리 경제가 지속적으로 성장하는데 필요한 여건을 확보하고 외부에서 갑자기 닥쳐올 수 있는 충격을 최소화할 전략을 차분히 세워야 한다.

1973년 제1차 오일쇼크는 이제 싹이 트기 시작한 우리나라 경제를 청천벽력처럼 덮쳐왔다. 이 사건을 통해서 우리 정부와 국민들은 외부로부터의 충격이 우리 경제시스템을 무너뜨릴 수 있다는 것을 깨닫기 시작했다. 자원을 확보하기 위한 외교의 중요성을 실감했다.

자원을 둘러싼 국제정치는 복잡하고 권력정치(power politics)의 성격을 보이고 있었다. 이스라엘과 아랍세계의 충돌, 이란 팔레비 국왕의 정치적 야심, 사우디의 새로운 부상, 소련의 붕괴와 냉전체제의 종식, 반복되는 글로벌 경제위기, 메이저 석유회사들의 경쟁 등이 얽히고 설켜서 국제정치의 뇌관처럼 작동하여 왔다.

아랍 산유국의 석유 수출 금지 조치는 우리 경제를 강타했다. 석유를 확보하기 위해 우리 정부는 절대절명의 외교를 펼쳤다. 하루하루를 연명해 나가는 것도 힘들 정도였다. 이때의 아픈 경험은 우리 정부가 아랍세계와 산유국에 공관을 새로 열고 중동 외교를 중요시하는 계기가 되었다.

2008년 글로벌 경제위기가 터져 나오기 직전까지 유가는 또다시 배럴당 147달러까지 치솟으며 우리 경제의 목을 졸라왔다. 에너지 수입 절대의존 수출주도형 경제에는 치명타였다. 이러한 급박한 상황을 타개하려고 에너지 외교를 추진하였으나 결과는 소기의 목적을 달성하지 못한 채 새로운 소용돌이 속으로 빨려 들어갔다. 미국 발 금융위기가 그것이었다.

2014년 하반기부터 에너지 시장은 혁명적으로 변화하기 시작했다. 석유와 가스의 공급초과 현상이 나타나고, 가격이 급락하는 저유가 현상이다. 오늘날의 석유와 가스의 초과공급은 미국 셰일의 급속한 생산증가에 기인하는 측면이 강하다. 셰일오일, 가스는 매년 10% 이상의 생산 증가를 보이고, 2014년에는 하루에 550만 배럴 수준에 까지 이르렀으며, 2020년에는 1천만 배럴에 이를 것으로 예상되고 있다.

2016년 중반 유가는 50달러대로 반등하였으나 그 이후 30달러 대까지 또다시 떨어지기를 반복하고 있다.

이제는 우리가 또 다시 눈앞의 공급초과 상황을 너무 당연한 것으로 받아들이고 있지는 않는지 냉철하게 생각해 볼 때이다. 판단 착오가 반복되면 우리 경제에 치명타가 되는 피해를 유발할 수 있다는 것을 유념해야 할 것이다.

자원전쟁이라고까지 불리던 치열한 자원 확보 노력이 이제는 허망하게까지 보인다. 전형적인 공급자 시장이 이제는 수요자 시장으로 탈바꿈 하는 듯한 상황이다. 사우디를 비롯한 산유국들의 신용등급이 속속 하향되고 있다. 일부 산유국들에서는 정권이 붕괴

위기에 처해 있다. 공짜에 가까운 가격으로 휘발류를 펑펑 써대고 국가가 제공하는 각종 복지 혜택을 받으며 편하게 살아왔던 산유국들의 국민들이 이번에는 정부를 향해 항의의 목소리를 높이고 있다. 베네수엘라 차베스 정권은 무너졌지만 방만한 국정 운영은 2015년 10%의 마이너스 성장, 2016년 700%의 인플레라는 폭탄을 던지고 갔다.

그러나 사우디를 비롯한 OPEC 회원국들은 자신들의 권력을 쉽게 내려놓으려 하지 않는다. 국제유가를 적절한 선에서 유지하면서 '갑'의 지위를 유지하려 한다. 사우디는 생산 단가가 높은 국가들이 이번 기회에 시장에서 밀려나기를 기대한다. 미국의 셰일오일과 가스도 개발이 좌절되기를 기대한다. 사우디는 국제 유가가 배럴당 40불선 이하에 머문다면 생산단가가 높은 산유국이나 기업들은 시장에서 퇴출될 것으로 보고 피해를 감내하면서 '버티기'에 들어갔다.

오랫동안 '갑'의 지위를 향유해온 OPEC 중심 국가들은 쉽게 '을'의 위치를 받아들이려 하지 않는다. 이러한 심리전과 신경전이 계속되면서 국제유가는 앞으로도 상당 기간 횡보국면에 있을 것으로 보인다.

수많은 변수 속에 쌓여있는 에너지 시장을 이해하는 것은 쉬운 일이 아니다. 더 많은 사람들의 다양한 이야기를 들어보고 토론하였다. 이 책을 쓰기까지 필자와의 대화와 토론에 참여해준 많은 분들께 감사의 마음을 전하고자 한다.

2012년 필자가 카자흐스탄 대사로 근무할 때 에너지 분야 업무를 보좌해준 한성진 경제 참사관, 이병훈 참사관, 신석우 석유공사 알마티 지사장, 이미찬 석유공사 아스타나 법인장 그리고 2015년부터 주휴스턴 총영사로 근무하면서 대화를 나누었던 김명준 부총영사, 심종섭 경제담당 영사, 찰스 라프코프 에너지 보좌관, 휴스턴의 권위있는 셰일오일, 가스 전문가인 조삼제 박사, 윤주식 KOEA(Korea Offshore Experts Association)회장, 석유공사 남재구 지사장, 가스공사 김보영 지사장, SK E&S 임시종 본부장, SK 이노베이션 김태원 본부장, 롯데 케미컬 루이지애나 황진구 대표, 대우조선해양 지영택 지사장, 삼성중공업 여욱종 지사장, 현대 중공업 진성호 지사장, KOTRA 달라스 정영화 관장, 삼성물산 최기형 법인장 같은 분들의 유익한 의견들이 이 책에 녹아들어가 있다.

머리말 __ 04

제1부 에너지 혁명

제2부 국제정치와 석유전쟁

제3부 에너지 시장의 새로운 강자, 미국

제4부 유라시아 시대를 꿈꾸며

에너지
혁명

1

셰일 혁명의 아버지, 조지 미첼

조지 미첼은 불가능을 가능으로 만든 위대한 기업가이다. 가난한 그리스 이민자의 아들이라는 생의 조건과 미국이 제공해주는 자유로운 연구와 실험의 기회는 프래킹(fracking)이라는 기술이 빛을 보게 하였다.

조지 미첼은 학자금 마련을 위해서 캠퍼스에서 캔디를 팔았다. 그는 가난에서 벗어나기 위해 의학도가 되려고 했었다. 그러던 중 여름방학에 루이지애나에 있는 유전에 가서 아르바이트를 했다. 지질도를 보면서 유전이 어디에 있는지 찾아내는 작업에 흥미를 느끼기 시작했고 그 후 그의 인생은 땅을 파서 석유를 캐는 와일드 캐터(wild catter)로 바뀌었다.

조지 미첼은 에너지 업계에서는 뉴튼과 같은 존재이다. 중동 산유국의 헤게모니를 한 방에 날려버린 장본인이다. 그는 텍사스 남부 갤버스턴에서 태어났다. 허리케인이 쓸고 가면 초토화되어 버리는 도시에서 태어나 살아가면서 역경을 극복하는 것이 체화된 것인지 그의 인생은 도전과 극복의 연속이었다.

대학에서 지질학을 공부한 후 텍사스의 중부, 포트워스에서 유전 개발에 뛰어들어 막대한 돈을 벌었다. 그러나 그가 주목받는 이유는 그 돈으로 기술 개발을 위해 아낌없이 돈을 쓴 데 있다. 암석 속에 숨어있는 오일과 가스를 짜내는 기술, 프래킹을 상업적으로 가능할 때까지 개발한 위대한 인물이다.

조지 미첼이 이러한 기술을 개발하게 된 것은 1970년에 들어서면서 미국의 유전들이 성숙기에 들어서서 더 이상 시추할만한 곳이 없어진 것이 원인이다. 자연스럽게 그가 만든 독립회사(independent company) 미첼 에너지의 활동이 주춤해졌다. 그는 오래 전부터 전해내려 오던 암석 속에 있는 오일을 추출할 수 있다는 가능성을 믿었다. 그 동안 벌어놓은 돈을 투입해서 기술 개발에 힘을 쏟기 시작했다. 기술 개발은 더디게 진행이 되었고 회사의 재정 사정도 악화되어갔다. 회사 간부들과 아들까지 기회 있을 때마다 반대하였다고 한다.

그러나 그에게 천운이 따랐다. 1973년부터 시작된 제1차 오일쇼크는 그의 회사가 시카고로 공급하던 가스가격의 폭등을 가져왔다. 재정적 여유가 생겼지만 간부들은 여전히 그의 연구 지시에 반기를 들기 일쑤였다. 그러나 미첼은 프래킹의 가능성을 굳건히 믿고 20여 년 간의 시행착오를 거쳐 현재의 기술이 나오게 하였다. 그의 프래킹에 의한 셰일 탐사는 포트워스에서 시작되는 바네트 셰일로부터 시작하여 페르미안 베이슨, 이글포드로 이어졌다. 1998년에는 기존의 수압파쇄(hydraulic fracturing) 기술에 수평시추(horizontal drilling)을 더해 프래킹에 의한 셰일 개발이 본격적으로 이루어지도록 하였다.

셰일 혁명을 조지 미첼 혼자 만들어 낸 것은 아니다. 미국 내에서 원유를 더 많이 생산하고 캐내기 어려운 위치에 있는 것을 개발하기 위해 콜로라도에서 핵폭발을 시킨 경우도 있었다. 지금처럼 다량의 물을 쏟아 부어 셰일 개발하기 전에는 젤을 투입하기도 했었다. 조지 미첼은 2002년 노년이 되어 미첼에너지를 오클라호마의 데본에너지에 35억 달러에 매각하였다.

그 이후 셰일 개발에 가장 공격적으로 나온 회사는 오클라호마의 체사피크 에너지(Chesapeake Energy)이다. 금융전문가였던 오

브리 메클렌던은 프래킹에 의한 셰일 개발이 에너지 시장의 판도를 크게 바꿀 것을 직감하고 2000년 초반부터 텍사스, 오클라호마, 루이지애나의 셰일 층이 있는 땅 주인들을 집중적으로 접촉하여 개발권을 확보해나갔다. 월가의 돈줄을 끌어들여 전격전을 치르듯 셰일 개발에 나섰다. 회사는 급성장했고 많은 부를 축적할 수 있었지만 2008년 미국의 경제위기는 그의 꿈을 하루아침에 물거품으로 만들었다. 더 많은 셰일을 개발하면 더 많은 부를 축적할 수 있으리라 확신했던 그에게 2014년부터의 원유와 가스 가격의 폭락은 치명타를 안겼고, 2016년 초 그는 자살을 하고 말았다.

반면에 오클라호마의 대표적 에너지 기업인 데본에너지는 안정적이고 보수적인 포르토폴리오 운영으로 에너지 가격의 급등락에서도 생존할 수 있었다. 데본에너지의 기업주는 자신이 접촉했던 어떠한 전문가도 유가의 급등락과 추세에 대한 믿을만한 분석이나 예측을 하지 못했다고 술회한다. 그의 회사 입구에 "Integrity"라는 슬로건이 붙어 있음은 우연이 아니다.

세계 에너지 판도를 바꾼 프래킹 기술은 메이저 석유회사가 아닌 미국에 무수히 산재한 중소기업에서 완성되었다는데 커다란 의미가 있다. 메이저 회사들은 대규모의 육상, 해상유전에 거대 자금을 투입하여 장기간에 걸친 사업을 추진한다. 반면에 중소기업들은 자본 조달 능력에 한계가 있어 투자 회수가 빠른 분야에 집중한다. 그러한 기업 중에서도 포춘지 500대 기업의 반열에 오르는 기업들이 나온다는 것에 주목할 필요가 있다. 미래는 기술 개발에 성공하는 기업의 차지가 될 것이다.

조지 미첼은 기술 개발에 대한 투자가 미래 세대에 남길 수 있는 가장 유용한 유산이라는 신념으로 자기 출신 대학에 천체연구소 건립을 위한 5천만 달러 이상을 기부하였다. 또한 휴스턴 북쪽에 우드렌즈(Woodlands)라는 자연 친화적 신도시를 개발하였다. 이 도시는 자연환경을 파괴하지 않는 도시를 개발한다는 개념으로 설계되었는데 유전개발로 벌어들인 돈으로 사모았던 자기 소유의 땅에 개발한 것이다. 지금은 엑슨모빌(Exxon Mobil) 본사도 이곳에 위치하고 있다.

미첼이 94세를 일기로 이 세상을 떠났을 때 갤버스톤, 우드랜즈, 달라스, 포트워스 시는 공동으로 장례식을 가졌다고 한다. 텍사스의 에너지업계와 과학 발전 기반을 풍성하게 만든 그의 공을 기리기 위함이었다.

2

셰일 혁명의 파괴력

전통적으로 화석연료는 육상(onshore)유전에서 채굴되는 석유를 의미했다. 여기에 더해서 기술의 발달에 따라 대륙붕이나 심해저까지 개발하는 해상(offshore)유전 개발이 진행되었다. 카스피해 연안 카자흐스탄의 카샤간 유전은 세계 최대의 해상유전으로 평가받고 있다. 문제는 이러한 해상유전은 탐사 비용과 생산 비용이 높아서 석유수요가 감소하면 한계 유전의 성격을 띤다는 것이다.

오랫동안 천연가스는 경제적 타당성 부족으로 외면받았으나 세계적인 수요 증가로 천연가스 개발이 각광을 받기 시작하였다. 세계 최대 매장국과 생산국은 카타르이며, 러시아와 투르크메니스탄

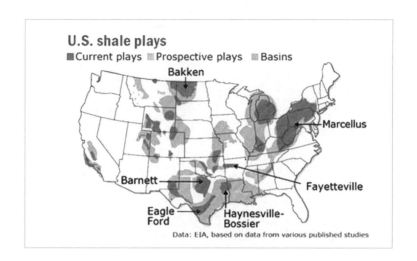

도 주요 생산, 수출국이다.

샌드오일(sand oil)은 캐나다에서 생산되고 있다. 앨버타주에서 대량 생산되는데 캐나다는 미국과의 협상을 통해 생산된 오일을 미국의 중남부 멕시코만까지 수송하는 키스톤(Keystone) 파이프라인 건설을 추진중이다.

그리고 최근 각광을 받기 시작하는 것이 셰일오일(shale oil)과 가스이다. 매장량은 미국과 중국이 가장 크다. 그러나 중국은 개발에 필수적인 물의 부족으로 개발이 쉽지 않다.

셰일가스는 천연가스가 셰일 바위(shale rock, 이판암 또는 혈암)에 스며들어 있는 것이다. 이 암석에 고압으로 물과 화학물질을 섞어서 분사하는 수압파쇄법(hydraulic fracturing)이라는 기술로 개발한다. 전통적인 가스전과는 달리 암반층에서 채취하기 때문에 비전통가스로 불린다. 예전에는 기술적, 경제적 이유로 주목을 받지 못했으나 최근에는 수평시추기법(hrizontal drilling)과 수압파쇄방법이 발달하면서 본격적으로 생산되기 시작하였다.

OPEC(석유수출국기구)가 하루 100만 배럴 내외의 여유 생산분을 갖고 유가를 결정해왔는데 2014년에 미국 내 셰일오일, 가스의 생산량이 550만 배럴에 이르자 OPEC의 가격 조절기능이 작동하기 힘들게 되었다.

그렇다면 셰일오일, 가스는 중동의 석유 가격 결정력을 무력화시킬 것인가?

셰일오일, 가스 생산이 국제적인 저유가 현상을 항구적인 것으로 만들 것인가?

전 세계 에너지의 수요, 공급체계를 흔들어대는 셰일오일, 가스는 왜 갑자기 혜성처럼 등장한 것일까?

조지 미첼이라는 미국의 석유전문가가 40여년에 걸쳐 사재를 투자하여 기술개발을 한 결과로 생산되기 시작한 셰일오일, 가스는 분명히 새로운 형태로서 출현한 화석연료이다. 그러나 현재로서는 생산 단가가 상대적으로 높아서 국제 유가가 배럴당 50달러를 넘어야 경제적 타당성을 갖게 된다. 수년 전에는 배럴당 75달러 수준이던 셰일가스 생산 단가가 기술 발달과 채굴 경험과 데이터 축적을 통한 생산 방법의 획기적 개선이 이루어지고 있다. 조만간 배럴당 40불대의 생산 단가도 가능해지리라는 분석도 있다. 이러한 기술 혁신은 사우디 등 OPEC회원국들이나 러시아 등의 에너지 분야에 대한 영향력을 심각하게 약화시켜 나갈 것으로 보인다.

셰일오일과 가스의 특징은 개발해서 생산하는 기간(lead time)이 수주에 불과할 정도로 짧다는 것이다. 수요의 증감에 따라서 민첩하게 대응할 수 있는 특징이 있는 것이다. 기존의 육상이나 해상 유전의 경우 경제적인 생산 가능성 확인에만 수년이 걸리던 것에 비하면 혁명적인 현상이다.

반면에 이른바 핫스팟(수익성이 높은 가스정) 개발은 한정적이고, 이 개발이 끝나면 생산 단가가 급증할 가능성이 있으며, 환경비용 때문에 지속되기 어렵다는 전문가들의 분석도 있다.

그럼에도 불구하고 셰일오일, 가스 생산은 탄력성이 매우 높아 오일, 가스 가격의 폭등을 막는 역할을 할 가능성이 커 보인다.

미국에서 생산되는 셰일오일과 가스가 미국정부의 수출승인을 받아서 외국으로 수출되기 위해서는 엄격한 절차를 거치게 된다. FERC(Federal Energy Regulatory Commission)는 미국의 각 주 간에 천연가스, 석유, 전기의 이동을 규제하는 독립적 기구이다. 이기구는 미국 내에서 생산된 천연가스나 석유의 수출도 규제한다. 수출승인을 받는 데는 환경평가부터 시작해서 까다로운 절차를 거쳐야 하고 시간도 오래 걸린다.

또 하나 주목할 것은 미국의 석유 회사들이 생산비용 절감에 본격적으로 나서고 있다는 것이다. 고유가 시대에는 원유채굴에서 많은 수익을 내기 때문에 생산과정에 많은 거품이 끼어 있었다. 저유가가 되고 나서 분석해보니 Schlumberger나 Baker Hughes 등 서비스 제공 회사들이 너무 많은 이익을 가져갔다는 판단에 이르게 되었다고 한다. 시추장비에 들어가는 부품도 그 동안은 기술력이 보장된다고 하면 고가제품에 대해 독점적인 공급을 허용했었으나 이제는 대체부품에 대한 관심도 높아지고 있다. 이러한 분야에서 우리나라 부품 공급업체들이 사업을 확장해 나갈 수 있는 가능성이 나타나고 있다.

2014년 이후 석유개발 시장에서는 어떤 변화가 일어나고 있을까? 휴스턴에서 활약중인 노르웨이 석유개발 컨설팅 회사인 라이스터드 에너지(Rystad Energy)사의 분석을 살펴보자.

2015년 하반기부터 시작된 저유가의 영향으로 상류부문(upstream, 원유탐사 생산)에서의 자본투자가 급격히 줄고 있으며,

2015년 중 자본투자는 전년 대비 약 1,500억 달러 감소하였고, 이는 최근 20년 중 가장 큰 감소폭이다.

세계 석유시장의 주요 공급자들의 개발 프로젝트들은 당초 계획보다 1~4년 지연될 전망이고, 일부 프로젝트들은 취소되기까지 하고 있으며, 이는 세계 석유 시장 공급에 시간을 두고 영향을 미칠 것이다.

2010~2013년간 세계 석유시장 공급을 공급원천별로 분석해 보면, 셰일 생산이 72% 대폭 증가하였으나 자본지출 규모가 상대적으로 큰 해상유전(offshore)에서의 생산은 소폭 감소하고 있다. 심해(Deepwater) 생산은 2%, 중층해(Midwater) 생산은 3%, 천해(Shallow water, 淺海) 생산은 2% 감소하고 있다.

라이스터드 에너지(Rystad Energy)사가 자체 분석한 바에 따르면 2020년 세계 석유공급의 원천별 평균 손익분기점은 북해산 브렌트유 환산 기준 평균 55달러 수준으로 심해 생산(49달러)보다 약간 높은 수준까지 하락할 것으로 예측(45~70달러 범위)되고 있다. 중동의 경우 육상유전 16달러, 해상유전 37달러, 심해유전 49달러, 러시아 육상유전 53달러, 북미셰일 50달러, 오일샌드 73달러 수준이다.

미국 셰일생산의 최대 장점은 유연성인데 시추 시설이 감소되고 있음에도 불구하고 생산성 향상은 급속히 이루어지고 있다.

최근의 유가 하락으로 미국 셰일 E&P 회사들은 자본지출을 대폭 줄이거나 지연시키고 있으며, 이에 따라 실제 운영되고 있는 시추 시설이 급격히 감소하고 있다. 미국 내 수평 시추시설(Horizontal rigs)은 작년 하반기 한때 1,400여개까지 증가하였다가 최근 800개 아래로 감소하였으며, 3대 셰일 플레이(Bakken, Eagle Ford, Permian)의 시추시설 숫자는 700개를 상회하는 수준에서 400개 미만으로 감소하였다.

시추 시설의 대폭 감소에도 불구하고 셰일 유정의 생산성이 크게 높아져서 미국 셰일 생산이 줄어들지 않도록 하는 원동력이 되고 있으며, 주요 셰일 플레이의 2015년 중 생산량은 비록 소폭이지만 전년 동기 대비로는 증가세를 유지할 것으로 분석되었다.

또한, 미국 셰일에서 생산되는 석유의 손익분기점은 지속적으로 낮아지고 있으며, 2010년 배럴당 80달러, 2014년 배럴당 60.9달러, 2015년 배럴당 49.7달러로 계속 낮아지고 있다. 유가급락의 주요 원인이었던 북미 지역 셰일 생산은 생산성 향상을 통해 생산량을 유지하면서 손익분기점을 빠른 속도로 낮추고 있어 향후 국제 석유

시장에서의 영향력이 지속적으로 높아질 것으로 보인다. 이와는 대조적으로 대규모 자본지출이 요구되는 해상유전 부문은 최근 투자 대비 생산성이 정체되거나 저하되고 있는 추세를 보이고 있다.

전통적인 석유, 천연가스 프로젝트는 탐사가 이루어지고 경제성 확인 후 대규모 자본투자가 이루어지고 장기적, 안정적인 이윤 획득의 형태로 진행되었다. 그러나 최근의 환경은 이러한 모델에 대해 변화를 요구하고 있다.

에너지 산업은 기존 프로젝트의 효율성 개선보다는 신규 프로젝트의 탐사, 개발을 통해 고수익을 얻어 왔으나, 1960년대 이후 이러한 신규 프로젝트가 점차 줄어들고 있다. 투자자들은 에너지 산업이 신속하게 개발을 진행하여 단기 수익성을 개선하도록 요구하고 있기 때문이다.

이러한 상황 변화는 부분적으로 미국의 비전통적 에너지 시장의 투자 환경 변화와 관련이 있다. 대규모 자본 재투자 없이 셰일 프로젝트의 수익성을 개선시키기 위해 '운영 효율성'을 높이고자 하고 있다. 운영 효율성의 개선 노력은 세계에서 가장 성숙한 개발지인 영국 북해에서 활발하게 진행중이다. 이 지역은 전통적으로 신규 매장지를 탐사, 생산하는 데 집중하는 방식으로 개발이 이루어져 왔으며 따라서 운영비 지출은 최소한으로 억제되었다. 그런데 이는 필연적으로 생산성의 저하로 이어졌다.

최근에는 투자 자본의 자본 집약도(자본 투자액을 생산량으로 나눈 값)는 2000년 배럴당 2.50파운드에서 2012년 23파운드로 증가하는 반면, 생산 효율성은 더욱 낮아지고 있다. 이에 영국 정부는 자국 내 51개 주요 생산지에서 생산 효율성을 70% 이상으로 끌어올릴 것을 목표로 삼고 있으며, 이는 신규 자본의 효율적 투입을 유도하여 자본 집약도 역시 낮출 수 있을 것으로 보인다.

2012년 미국 상류부문(upstream)의 전체적인 자본 집약도는 배럴당 8달러인 반면, 비전통적 부문의 자본 집약도는 장기적으로 32달러 수준에서 안정될 전망이다. 1964~2012년 기간에 영국 북해유전의 평균 자본 집약도는 2012년 가치로 배럴당 18.60달러이다.

비전통적 부문이 본질적으로 대규모 투자를 요구한다는 점을 감안하더라도, 전통적인 부문에 비해 자본 집약도가 4배나 되는 것이 타당한가에 의문이 있다.

마르셀루스(Marcellus) 셰일의 비용 지출을 분석한 결과, 여전히 시추 관련비용이 큰 비중을 차지하고 있지만 운영 효율성 부문도 개선의 여지가 큰 것으로 나타났다.

초기 셰일 개발기업들은 시가에 훨씬 못 미치는 낮은 가격으로 개발권, 시추권, 생산 장비, 인력을 구할 수 있었다. 이들이 큰 이익을 남기고 대기업에 비싸게 넘긴 개발지에서 후발 대기업들이 별다른 성공을 거두지 못하고 있음에 따라, 운영 효율성의 개선이 큰 문제로 떠올랐다.

에너지 산업의 이러한 패턴은 성숙지(영국 북해)이든지 신규지(미국 셰일)이든지 간에 자본집약적 벤처 산업에서 일반적으로 나타나는 현상이다.

셰일 개발은 미국 에너지 산업의 혁명을 불러왔고, 감소하던 미국 에너지 생산 추세를 거꾸로 돌려놓았다. 하지만, 미국에서의 셰일 붐이 시작된 지 10년이 지났지만 아직 다른 지역에서의 셰일 개발은 더딘 속도로 진행되고 있다.

EIA에 따르면 셰일가스는 전체의 대부분인 90%가 미국 외 지역에 매장되어 있는 것으로 추정되나, 현재 대부분의 셰일가스는 미

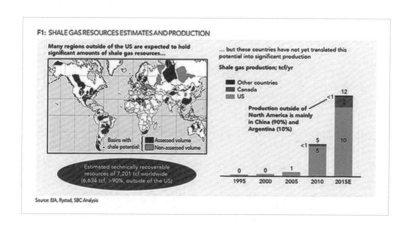

국에서 생산되고 있고 캐나다와 중국, 아르헨티나 등에서 일부 생산되고 있을 뿐이다.

셰일개발 확산이 더딘 이유 중 하나는 많은 나라의 셰일 매장지역에 셰일의 상업화에 필수적인 파이프라인 인프라가 결여되어 있기 때문이다.

미국 외 셰일 추정 매장량 기준 10대 국가 가운데 주요 셰일 필드의 33%에 가스 파이프라인이 아예 없으며, 10대 국가 가스 파이프라인 밀집도는 미국의 1/30 수준에 불과하다.

인프라 부족이 탐사, 개발 활동의 장애요소인 것이 일반적이지만, 가스 개발에 있어서 파이프라인은 특히 중요하다. 특히, 셰일가스 개발은 매장량 확인을 위해 전통적인 가스개발보다 10배 이상 많은 유정을 필요로 한다는 점에서 인프라의 중요성이 더욱 높다.

미국의 경우, 널리 퍼져있는 인프라는 성공적인 유정에서 생산되는 가스의 상업적 이용을 용이하게 함으로써 개발업자들의 셰일 개발 사이클을 원활하게 하고 있다. 가스 파이프라인이 없으면 상업화할 수 있는 유정 시추가 광범위하게 이루어지기 어렵다. 시추가 이루어지지 않아 추정치 외 현실적인 매장량 확인이 곤란하고, 반대로 매장량이 확인되지 않기 때문에 대규모의 파이프라인 투자 결정이 쉽지 않다.

이러한 상황에서 대안으로 제안된 것이 GTW(Gas-to-wire) 모듈을 활용한 셰일 개발이다.

10대 셰일 매장 국가의 경우 가스 파이프라인 인프라는 부족하지만, 상대적으로 송전 네트워크는 잘 구축되어 있다. 일례로, 중국과 남아프리카의 경우 송전 네트워크가 가스 파이프라인보다 10배 밀집되어 있다.

GTW 모듈은 현장에서 생산된 셰일가스를 활용, 가스 터빈을 가동해 전기를 생산하고 이를 송전선을 통해 바로 수요처로 보내는 소형 이동식 발전 및 송전 장치이다. GTW 모듈은 가스 파이프라

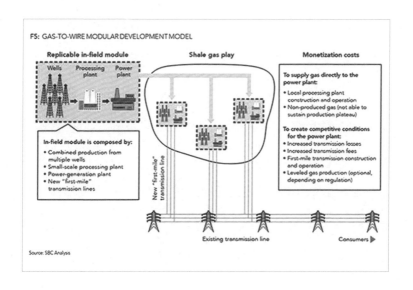

인에의 접근이 어렵고, 아직은 적은 량의 셰일가스 매장만 확인된 곳에서 대규모 투자 결정 이전 매장량 분석을 위해 일정 수의 유정 개발이 요구되는 곳에 유용하다. 용량에 따라 다르나, 100MW 가스터빈은 20년 이상의 수명을 갖고 있고, 30개 정도의 유정을 감당할 수 있으며, 500MW GTW 모듈은 120개 정도의 유정을 감당할 수 있다.

GTW 모듈은 가스 파이프라인으로의 접근이 어려워 시추가 거의 이루어지지 않은 탓에 매장량이 확인되지 않은 미개발 셰일 지역에 대규모 투자결정을 위한 시추활동에 유용한 모델이다.

소규모의 점진적인 셰일가스 개발이 전력생산 차원에서 상업성을 획득하게 된다면, 이러한 GTW 모듈을 이용한 개발은 전력생산 및 송전 분야에서 경쟁력을 갖고 있는 우리나라로서는 다른 나라의 미개발 셰일 필드 개발에 뛰어들 수 있는 좋은 기회가 될 수 있다.

국가 간 대외 원조 기회를 활용해 저개발국에 GTW 모듈을 활용한 셰일개발에 나선다면 진입장벽 해소효과도 기대할 수 있을 것이다.

현재는 오직 미국과 캐나다, 아르헨티나와 중국 등 4개국만이 상업적인 규모로 셰일을 개발하고 있으며, 미국이 압도적으로 전 세계 셰일원유의 90% 이상(하루 440만 배럴), 셰일가스의 89%(하루 420억 입방피트)를 생산하고 있다. 새로 셰일자원 매장량이 상당할 것으로 추정되는 4개국(차드, 카자흐스탄, 오만, UAE)은 이미 상당한 E&P(Exploration & Production) 활동이 이루어졌거나 진행중이다. 셰일과 타이트(tight) 오일 자원으로 E&P 활동이 확대되는 것은 향후 해당국 정부 정책과 경제적 수지타산에 따른 시간 문제 뿐일 것으로 보인다.

타이트 오일(tight oil): 셰일오일 중에서 투수율(permeability)이 낮은 암반에 갇혀 있는 오일

3

요동치는 국제유가

가다랭이잡이새는 목표물을 발견하면 날개를 접고 시속 100킬로미터에 가까운 속도로 급강하하여 먹잇감을 잡는다. 2014년 여름부터 유가는 이 새보다 더 빠른 속도로 떨어졌다. 석유와 천연가스, 셰일오일, 가스, 철강, 구리 등 모든 자원의 가격이 끝 모르고 떨어졌다.

불과 2년 전까지만 해도 언론기사에 석유, 가스라는 단어가 등장하면 또 급등하려나 하는 위협을 느꼈다. 사우디아라비아에게도 러시아에게도, 베네수엘라에게도 석유를 비롯한 에너지 자원은 분명히 무기였다. 에너지 자원을 갖고 있는 자들은 에너지를 얻고자

하는 자들에게 가공할 권력을 휘두를 수 있었다.

그런데 어느날 갑자기 이들은 그들의 권좌에서 힘없이 내려왔다. 이제 우리는 자원 위에 세웠던 영원한 제국이 붕괴되는 것을 목도하고 있다. 블록버스터 영화보다 더 극적인 장면을 우리는 생생하게 보고 있는 것이다.

이 드라마의 끝은 어디일까?

석유와 가스는 비싸고 귀하고 생명줄 같은 지위를 이처럼 힘없이 양보할 것인가?

풍력과 태양광 등 신재생 에너지까지 등장하면서 전통적인 에너지는 그저 평범한 재화의 지위로 내려올까?

2008년 이전 유가가 천정부지로 솟아오르던 시기의 세계 석유 생산에 대한 분석을 되짚어보자.

사우디아라비아나 쿠웨이트, 베네수엘라 등 주요 산유국의 유정들이 생산을 시작한지 30년 이상이 지났다. 그 결과 석유 생산의 정점을 지났거나 임박했기 때문에 생산량의 급격한 증가는 어려웠다.

캐나다의 샌드오일같은 비전통적 석유가 있지만 소비할 수 있는 석유로 만드는 기술 개발이 어렵고, 환경오염의 염려가 있어서 석유의 추가 공급은 상당기간 어려울 것으로 전망되었다.

반면에 중국을 비롯한 BRICS 국가들의 산업 생산 증가의 속도가 걷잡을 수 없이 빨라서 석유 공급이 수요를 충족해주기 힘들 것이고 이에 따라서 유가는 폭등할 수밖에 없는 상황이었다.

이러한 분석은 적중했고 유가는 폭등했다. 우리나라를 비롯한 전 세계 산업시설은 가동을 멈춰야 하는 상황에 처했다. 신재생 에너지에 대한 관심이 급증했지만 불난 집의 불을 끄기에는 역부족이었다.

이러한 상황에서 유가가 다시 급락할 수도 있다는 것을 예측한 전문가는 거의 없었다. 수개월 후 리만브라더스 사건으로 글로벌 경제위기가 전 세계를 덮칠 것을 예측하기는 더욱 어려웠을 것이다.

이러한 예측과 분석이 지금은 공급과잉 현상으로 힘을 잃었지만 한때는 가장 설득력 있는 분석이었으므로 우리 기억에 당분간은 저장해둘 필요가 있을 것이다.

2008년 금융위기 후 국제유가는 서서히 하락하였다. 경기침체에 따라 에너지에 대한 수요가 줄면서 자연스런 조정과정을 보였다.

그런데 2014년을 시작으로 국제유가는 빛의 속도로 추락하기 시작하여 배럴당 110달러에서 40달러 수준으로 하락하는데 6개월 정도 밖에 걸리지 않았다. 그리고 1년간 서서히 추가로 하락하여 2016년 2월에는 급기야 26달러까지 하락하였다.

2008년과 2016년은 석유와 가스가 국제정치에서 어떤 의미를 갖는지를 극명하게 보여준 두 해이다.

국제 유가가 배럴당 147달러까지 치솟았던 2008년은 대부분의 국가에게 경제 활동의 마비 상황을 야기하였고, 배럴당 26달러까지 유가가 폭락한 2016년에는 그 반대로 산업기술력을 갖춘 국가들이 세계 경제를 다시 한 번 마음대로 요리할 수 있는 상황을 마련해주었다.

불과 8년 만에 완전히 뒤바뀐 상황은 많은 자원 전문 분석가들의 명예를 실추시켰다. 이러한 상황은 1991년말 소련이 붕괴되면서 미국의 대학에서 마지막 단계에 있던 수만 개의 소련정치, 경제에 관한 박사 학위 논문을 쓰레기통에 버리게 했던 상황과 흡사하다.

넘치는 이익을 직원들에게 연말 보너스로, 흥청대는 파티비용으로 쓰면서 흥청대던 오일 메이저들은 구조 조정의 칼날을 휘둘러대기 시작하였다.

우는 사람이 생기면 웃는 사람도 생기는 것일까? 에너지의 세계 수도, 텍사스 휴스턴에서는 거의 매일 일자리를 잃는 에너지 엔지니어들이 늘어갔지만 남북을 가로지르는 I-45 하이웨이에는 가정용 트럭의 숫자가 빠른 속도로 늘어갔다. 5천cc가 넘는 이 트럭을 휘발유로 가득 채우는데 60달러도 들어가지 않는다. 불과 몇 년 전만 해도 미국의 자동차 3사는 차량의 크기를 줄이고 연비 향상에 전력투구하지 않았던가?

과거에는 자원 선물 시장에서 유가 변동을 분석하여 투기적으로 사고 팔았다면 이제 거래는 줄어든 반면 투기적 분석이 난무하기 시작한 것이다. 입을 열어 유가를 예측하는 것만큼 자신의 명성에 확실하게 상처를 내는 일은 없을 것이다.

유가는 방향을 틀어 반등하기 시작하였다. 하루에 5%가 올랐다가 다시 떨어지는 현상을 반복하면서 유가는 어느 새 배럴당 40달러를 넘어 50달러 수준에 이르렀다. 그러나 원유재고량이 증가하면서 또다시 30달러대 후반까지 하락한 후 다시 오르는 현상이 반복되고 있다. 일부 전문가들은 2016년 말이면 50달러에서 60달러 수준에 도달하고 원유생산업체는 사업 계획을 긍정적으로 수정하기 시작할 것이라는 분석도 나오기 시작했다.

이러한 급등과 급락의 원인을 살펴보자.

첫째, 오랫동안 산유국의 숫자는 제한되어 있는데 비해 전 세계 모든 국가들이 석유를 사용하고 있다. 이에 따라 산유국들은 생산량을 조절하면서 이익의 최대화를 추구해왔다. 때로는 정치적 목적으로 유가를 최대한 끌어올려 서구 산업 국가들을 위협하기도 했다.

둘째, 유전을 탐사하고 개발하여 상업 생산하는 데까지는 적어도 5년 이상의 많은 시간이 걸려 공급량을 늘리는데 한계가 있다. 그래서 여유 생산력이라는 개념이 중요하다. 예를 들어 사우디의 여유 생산력이 일일 생산 3백만 배럴이 남아 있느냐 아니면 1백만 배럴밖에 없느냐에 따라서 유가의 급등락을 예상할 수 있다.

석유공급 국가들이 가격 결정력을 갖고 있기에 석유를 수입해야하는 국가들은 이에 대응하기 위해서 전략 비축유(Strategic Petroleum Reserve)를 저장한다. 일시적인 가격교란과 전쟁이나 자연재해로 발생할 수 있는 공급 부족에 대비하기 위한 것이다. 석유는 일반 상품과는 다른 각국의 산업에 긴요한 전략물자로 취급된다.

셋째, 그런데 셰일 석유와 가스의 등장은 이러한 석유시장의 수요공급 체계에 근본적인 변화를 가져오고 있다. 셰일오일, 가스는 개발 시간이 아주 짧아서 탄력적으로 생산량을 조절할 수 있다는 것이다.

예를 들어 사우디를 비롯한 중동 산유국들이 생산량을 축소하여 유가가 급등하면 미국의 셰일가스 생산업자가 생산량을 늘려 공급을 확대함으로써 급등을 제어할 수 있을 것이다.

이제는 실제로 왜 유가가 폭락을 했는지 경제적인 측면을 살펴보자.

우선 중국의 경제 성장 둔화가 가장 중요한 요소가 되었다. 자동차 수요의 감소, 건축경기의 냉각 등이 겹치면서 국제적인 석유 수요가 점차 감소하고 있다. 또한 2011년 일본 동북대지진으로 인한 일본 원전의 가동중단으로 발생했던 일본의 석유 수요 증가도 해소되었다. 유럽연합의 전반적인 경기침체로 유가 하락에도 불구하고 석유에 대한 수요가 좀처럼 증가하지 않고 있다.

산업의 고도화와 에너지를 보다 효율적으로 소비하는 방식의 변화도 소비 감소의 원인이다.

마지막으로 석유 생산 국가들의 구성변화를 살펴볼 필요가 있다.

석유하면 중동이고, 특히 석유수출국기구 회원국들은 국제 에너지 시장에서 막강한 영향력을 행사해 왔다. 그러나 이제는 OPEC 국가들의 생산규모가 전세계 생산량의 40% 이하로 축소되었다. OPEC 국가들의 생산량은 하루에 3천만 배럴에서 3.2천만 배럴 수준이다. 비 OPEC 국가들의 생산량이 5.8천만 배럴이다.

미국과 이란이 절대 생산량을 급속히 증가시키는 새로운 공급자로 등장했기 때문이다. 특히 2014년부터 붐이 일어나기 시작한 미국의 셰일오일, 가스의 생산 급증이 두드러진 변화였다.

현재 사우디아라비아, 러시아, 미국이 각각 하루에 1천만 배럴을 생산하는 주요 산유국이 되었다. 그런데 흥미로운 것은 2000년부터 시작된 고유가 현상을 분석하는데 있어서의 원인이다.

그 당시에는 중국이나 인도 등 소위 BRICs국가들의 급속한 경제성장에 따른 수요 급증과 이를 못 따라가는 산유국의 석유 생산 능력 때문에 고유가 현상이 오래 갈 것으로 예상되었다는 것이다.

그렇다면 몇 년 만에 왜 유가가 폭락하는 역전 현상이 생긴 걸까?

BRICs 등 많은 신흥 경제 성장국가 들의 경제 발전 속도에 제동이 걸린 것이다. 중국의 경우를 보면 동쪽 해안선을 따라 산업화가 급속히 진행되었다. 그러나 내륙으로의 경제성장 열기 전파는 쉽게 이루어지지 않았다. 국내 노동자들의 임금이 급상승하였고, 기술 향상의 속도는 상대적으로 느렸기 때문이다. 우리 기업들도 중국에 진출했다가 임금이 상대적으로 더 저렴한 베트남, 미얀마 등 동남아 국가로 이동하는 현상이 두드러지기 시작하였다. 인도의 경우에는 아직 전국적인 경제 성장의 붐이 조성되지는 않고 있는 상황이다. 신흥시장의 국가들이 경제 성장 과정에서 발생하는 사회경제적 모순과 문제점들을 유연하게 극복해내지 못하고 머뭇거리고 있는 것이다.

그렇다면 앞으로 20년 후 전 세계 에너지 수요와 생산에 영향을 미칠 여러 변수들을 생각해 보자.

중국과 인도는 인구의 증가와 함께 도시화도 급격하게 진행되면서 에너지 사용량도 급증할 수 있다. 인도가 중국의 뒤를 이어 세계의 생산 공장으로 등장하고 있다. 두 나라의 인구가 30억을 넘는 것을 고려하면 지금은 상상하기 어려운 에너지 수요 폭발 현상이 다시 올 수도 있다.

중국이나 인도 외에도 역동적인 경제 성장을 실현할 가능성이 있는 국가 그룹도 있다. 인도네시아, 터키, 이란, 브라질, 멕시코, 남아공, 나이지리아, 이집트 등인데 이들 국가들은 인구도 1억 명을 넘나드는 국가들이다.

2015년 세계 인구 중 구매력을 갖춘 중산층이 20억 명이었는데 불과 15년 후인 2030년에는 50억 명에 이를 것이라는 분석도 있다.

이와는 반대로 우리나라를 비롯한 32개 OECD국가들은 에너지 효율을 높이고, 이산화탄소 배출량을 줄이려는 정책을 추구하면서 에너지 사용량도 줄어들 가능성이 있다. 특히 파리 기후변화 협약은 인류의 에너지 소비행태 변화의 결정적인 계기를 만들었다. 개발도상국들도 이산화탄소 배출량 감축 의무를 지게 되었다.

개도국들의 경제 성장 속도와 선진국들의 기후변화 협약에 의한 환경기준 강화가 에너지 시장을 요동치게 할 변수들이다. 태양광 발전의 현실화와 전기차, 수소차의 개발 속도가 빨라지고 있다.

반면에 중동을 비롯한 세계 도처에 내재해 있는 분쟁과 테러리즘의 확산 가능성은 더 큰 폭발력을 보일 수 있다. 또한 2016년 영국의 유럽연합 이탈을 계기로 예상되는 회원국 이탈의 도미노 현상도 그 전개 방향을 쉽게 예측할 수 없다. 유가가 급등하거나 급락할 수 있는 경제적, 정치안보적 요소들이 혼재하고 있는 것이다.

4

경제 성장을 가로막는 자원

카자흐스탄에는 창조주가 하늘을 날며 카자흐스탄 땅을 지나가다가 날이 하도 추워서 손에 쥐고 있던 진기한 보석들과 물건들을 떨어뜨리고 갔는데 그것이 오늘날 카자흐스탄에 묻혀있는 무궁무진한 자원이라고 하는 전설이 전해져오고 있다.

기름 한 방울 안 나는 우리나라. 지지리 복도 없지 하는 생각이 자주 든다. 동해 깊은 바다 속에 대규모 유전이라도 묻혀있다면 청년 실업으로 좌절하는 우리 젊은이들에게 얼마나 큰 선물이 될 것인가 하는 생각이 든다. 필자가 근무했던 미국이나 러시아, 카자흐스탄이 공통적으로 산유국이었기에 그런 생각을 더 자주 하게 된다.

대학을 나와서 직장 생활하는 대부분의 샐러리맨들도 어느 날 소주 한 잔하고 집에 가는 길에 동네 편의점 앞에 멈추어 서서 로또를 사보게 된다. 아무리 열심히 일하고 저축을 해도 내 집 마련은 어렵고 커가는 애들 사교육비를 생각하면 어깨가 무거워지지 않는가?

사람들은 누구나 사행심이 있기 마련이다. 산유국은 로또가 당첨된 국가들이다. 얼마나 부러운가? 그런데 땅 속에 무진장으로 묻혀 있는 석유와 가스가 저주가 될 수도 있다니 웬일일까? 로또에 당첨된 사람들이 몇 년도 가지 않아서 다니던 직장과 가족 그리고 자신의 건강까지도 잃는 상황과 유사하지 않은가?

이 중병의 이름은 '네덜란드 병(Dutch Disease)'이다.

1969년 북해에서 대규모의 천연가스 유전이 발견되었지만 이로 인해 네덜란드의 경제는 향상된 것이 아니라 가장 큰 어려움에 처했던 현상을 가리키는 말이다.

내용인즉, 석유나 가스를 대규모 수출하게 되면 외화가 대량 유입되고 환율이 하락하게 된다. 수입품의 가격은 낮고 상대적으로 국내에서 생산된 상품은 비싸게 되어 국내 산업기반이 붕괴되는 현상이다.

오늘날 이 병의 가장 큰 피해를 보고 있는 국가는 러시아이고 이러한 병의 피해를 가장 잘 막아내고 있는 국가는 노르웨이를 꼽을 수 있다. 노르웨이는 석유와 가스 개발로 창출된 8천억 달러 이상의 돈을 노르웨이 정부 연기금(Government Petroleum Fund,

GPF)으로 운영하고 있다. 이 국부펀드는 1990년에 만들어지고 현재까지 경기 사이클과 상관없이 가장 안정적으로 운영되고 있다. 노르웨이는 국가경제와 정부재정이 등락하는 국제 유가에 직접적으로 연동되는 것을 방지하기 위하여 석유와 가스개발에서 얻어지는 정부의 모든 수익은 전적으로 GPF에 투입되도록 하고, 대신에 정부는 매년 GPF 가치의 최대 4%까지만 정부재정지출에 사용할 수 있도록 제한을 두고 있다.

사우디아라비아가 7,500억 달러, 아부다비 투자청이 7,700억 달러, 싱가포르 투자청이 3,400억 달러 규모이며, 러시아도 1,600억 달러의 연방 석유안정화 기금을 운영하고 있다.

문제는 이러한 국부펀드가 있다고 해서 그 나라 경제가 안정적이라고 볼 수는 없다는 것이다. 이러한 막대한 부가 국민들이 열심히 일하고 기업이 창의적으로 활동하여 산업을 발전시키는데 기여하고 있느냐가 관건이다.

러시아나 사우디아라비아가 여러 차례의 세계 경제 위기를 겪으면서 산업다변화에 안간힘을 쓰는 이유이다. 정부 뿐만 아니라 일반 국민들의 의식 변화가 필요하지만, 힘들이지 않고 커다란 부를 누리는 국가에서 근면하고 성실하게 일하는 분위기를 만들기는 아주 어려운 일인 것 같다.

5

석유 독점체제의 몰락

2014년 OPEC가 감산합의에 실패하면서 OPEC(석유수출국기구) 제국은 몰락의 길에 들었다. OPEC는 100만 배럴의 여유 생산분을 가지고 세계를 호령해왔다. 회원국들이 감산에 합의하면 유가는 폭등하고 생산량을 늘리기로 하면 여지없이 하락하곤 했었다. 기름 한 방울 나지 않는 우리나라 같은 원유 수입국은 중동 석유 생산국가들의 일거수 일투족에 가슴을 쓸어내리면서 허둥지둥대며 살아왔다.

이제 이러한 구에너지 체제가 붕괴된다는 것은 국제 에너지 시장의 새로운 질서가 세워지고 있음을 의미한다. 석유가 국제정치에서 중요한 요소로 오랫동안 자리 잡았던 이유는 그 독점성 때문이었다. 사우디를 비롯한 쿠웨이트, 이란, UAE 등 중동 국가들이 석유 생산의 대부분을 차지하고 있고, 그들 간에 독점적 카르텔 기구인 석유수출국기구(OPEC)가 석유의 공급량과 가격을 결정하는 메커니즘이 적어도 2013년까지는 절대적이었다.

그러나 이러한 소수가 지배하는 석유의 시대는 종말을 향해 가고 있다. 미국에서 몇 십년동안 이루어진 연구의 결과로 나타난 셰일연료가 본격적으로 개발되면서 석유 공급의 독점적 체재에 재갈이 물려지게 된 것이다. 현재의 기술 수준으로 배럴당 50달러가 셰일오일 생산의 손익분기점이라는 점을 감안하면 전 세계 경기의 급팽창이 나타나지 않는 한 국제 유가는 배럴 당 50달러에서 70달러 사이를 오가는 수준에 오랫동안 머무를 가능성이 높아지고 있다.

석유 시장이 공급자 중심의 시장에서 이제는 소비자 중심의 시장으로 옮겨가고 있는 것이다. 이러한 상황에서는 원유를 탐사하고 채굴하는 기술이 발달한 국가들이 강력한 공급자의 지위를 차지하게 될 것이다. OPEC 국가들의 가격 결정력은 점점 힘을 잃어갈 것이다. 셰일오일과 가스는 미국, 중국, 캐나다 등에 광범위하게 매장되어 있다. 이러한 매장지가 본격적으로 개발되고 생산되면 이제 국제 에너지 시장의 공급과 수요의 체계가 근본적으로 바뀌어

나갈 것이다.

2014년 말 OPEC 총회에서 사우디아라비아는 더 이상 감산에 의한 유가 조정에 나서지 않을 것이라고 선언했다. 소위 스윙 프로듀서(swing producer)의 역할보다는 국제 원유 시장에서 사우디아라비아의 공급량을 줄이지 않는 것에 우선순위를 두겠다는 정책 변화이다. 이러한 정책 변화는 다양한 공급자의 등장과 공급과잉에 따른 것이다. 사우디아라비아가 생산량을 줄인다 하더라도 다른 국가들이 동조하지 않고 오히려 생산량을 늘릴 경우 사우디아라비아는 시장 점유율만 상실하게 될 것이라는 우려 때문이다.

스윙 프로듀서(swing producer): 석유공급의 변화에 대응, 석유생산량을 자체적으로 줄이거나 늘려 시장의 안정을 꾀할 수 있는 능력을 가진 산유국

1980년대 말 사우디아라비아는 소련의 붕괴를 유도하기 위해 미국과의 공조 하에 인위적으로 낮은 유가 정책을 취한 바 있다는 전문가들의 분석이 있었다. 그랬던 사우디아라비아가 이제는 러시아와 워킹그룹을 만들어 에너지 협력에 본격적으로 나섰다. 러시아가 생산량을 조절하지 않는 한 OPEC 국가만의 생산량 축소는 더이상 의미가 없기 때문이다.

더구나 사우디아라비아는 국내 고용 증진을 위해 많은 석유화학 단지를 건설하여 국내 생산의 상당 부분을 산업용으로 사용하고 있다. 또한 석유도 국내 산업용 소비가 급증하여 생산량을 인위적으로 축소하는데 제한이 생긴 것이다.

우리나라의 에너지 정책도 이에 맞추어 바뀌어져 갈 것이다. 어쨌든 에너지 가격의 폭등현상이 제어되는 상황은 에너지를 과도하게 소비하는 경제 구조를 갖고 있는 우리나라 산업계에는 희소식이 아닐 수 없다.

또 하나 주목할 점은 세계 최대 에너지 소비국가인 미국이나 유럽, 우리나라 등에서는 이미 에너지를 최소로 사용하는 기술에 대한 연구가 산업 전반에서 이루어지고 있다는 점이다. 20여 년 전만 해도 미국산 자동차, 가전제품은 에너지를 삼키는 하마였는데, 글로벌 경제 위기를 여러 번 거치면서 에너지 절약형으로 변모하였다. 거기에 더해 태양광이나 풍력 등 대체 에너지가 각광을 받으면서 다양한 에너지 믹스(Mix) 정책이 추진되고 있다. 독일이나 덴마크 등은 오일쇼크를 거치면서 이러한 영향에서 벗어나 경제를 안정적으로 운영하기 위해서 대체에너지를 적극 도입한 바 있다.

그동안 여러 차례의 유가 변동과는 달리 이번 저유가 기간에서는 에너지 산업 전반에 기술적 혁신이 본격적으로 일어나고 있다. 이제는 원유나 가스의 매장량만 갖고 에너지 시장에서의 영향력을 평가하기는 어렵게 되었다. 얼마나 싼 값에 환경오염 없이 에너지 자원을 개발할 수 있느냐에 따라 영향력이 평가될 것이다. 이러한 점에서 미국의 기업들이 산업 전체를 이끌어 가는 선도자적 역할을 할 것으로 예상된다. 텍사스 지역의 조업중인 유정의 수는 점점 줄어들지만 생산량이 증가하고 있는 현상이 이를 입증하고 있다.

6

유가 하락이 산유국에 미치는 영향

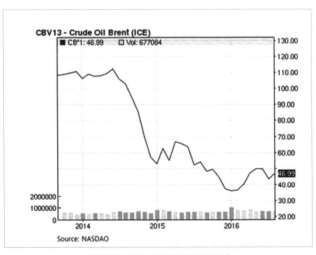

〈브렌트유 최근 1년간 가격 변동 차트〉

에너지 시장의 파워게임

2014년도는 국제유가가 가장 극적으로 하락한 역사적인 해가 될 것이다. 6월에 배럴당 110달러 수준이던 브렌트유의 가격이 2015년 1월에는 50달러 이하로 폭락한 것이다.

그렇다면 이렇게 낮은 가격에 원유를 생산하는 것이 가능한 것일까? 이를 알기 위해서 산유국들의 원유 생산 단가를 살펴보자. 원유 생산 비용은 석유 매장층이 육상에 있는지 바다 속에 있는지 그리고 바다 속에서도 낮은 대륙붕에 있는지 아니면 깊은 심해저층에 있는지, 그리고 이러한 원유를 채굴하는 기술이 발달되어 있는지, 운송체계는 잘 되어 있는지 등에 따라서 많은 차이가 있다. 배럴당 10달러 이하의 생산 비용이 드는 중동 원유가 있는가 하면 50달

세계 지역별 원유생산 비용

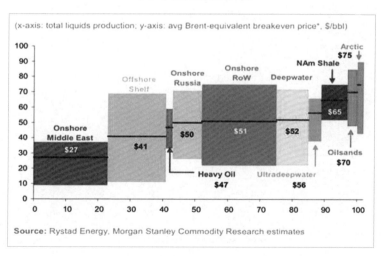

러 이상이 소요되는 곳도 많다.

중동 지역의 생산 비용이 배럴당 평균 27달러로 가장 저렴하고, 기타 지역은 약 40~50달러, 북미 셰일오일은 60달러대에 분포되어 있다. 중동에서도 사우디아라비아, 쿠웨이트의 생산 단가는 10달러 미만으로 추정되어 매우 높은 경쟁력을 보유하고 있다고 할 수 있다. 중동지역은 산유량 뿐만 아니라 생산 이익 규모면에서도 다른 나라보다 월등한 위치를 차지하고 있다.

주요 산유국별 재정수지 균형 유가 비교

('14년 기준, 단위 : $/bbl)

구 분	재정수지 균형유가(A)	생산단가(B)	A-B
베네수엘라	130	15	115
이란	130	27	103
나이지리아	124	40	84
에콰도르	122	40	82
알제리	119	40	79
이라크	116	27	89
리비아	111	40	71
앙골라	94	40	54
사우디	92	10	82
UAE	90	27	63
쿠웨이트	59	10	49
카타르	58	27	29
러시아	115	50	65
바레인	127	27	100
카자흐스탄	103	27	76

〈Sources: Reuter, Deutsche Bank〉

그렇다면 유가 하락은 주요 산유국에 어떠한 영향을 미치고 있을까? 인구가 적고(300만), 원유 생산 단가가 낮은 쿠웨이트, 가스 비중이 높은 카타르는 저유가에 따른 타격이 상대적으로 적은 상황이다. 그런데 산유국들은 제조업 기반이 없고, 산업을 다변화하지 못한 상황으로 국가 재정의 원유 수출 의존도가 50%를 상회하는 경우가 대부분이다. 또한, 정정이 불안한 경우가 많아 정권 안정을 위해 공무원 임금 인상, 복지 지출, 인프라 투자, 에너지 보조금 지급 등에 대한 정부 지출이 급증하고 있는 상황이다.

또한 유가 하락 및 달러 강세에 따라 산유국 화폐가 약세를 보이면서 생필품을 대부분 수입에 의존하는 산유국의 물가가 급등하는 현상을 보인다. 베네수엘라의 경우 2014년 한 해 동안에 물가 상승률이 무려 64%에 달했다. 2016년에는 750%의 인플레를 기록할 것이라고 한다. 세계 최대 원유 매장량을 자랑하는 국가의 수퍼마켓에는 식품과 화장지를 찾기 힘든 상황이 되어버렸다. 화폐가치 폭락으로 휴스턴 직항로도 폐쇄되었다. 그동안 석유를 팔아서 생긴 수입으로 국내 산업을 거의 육성하지 않았다는 것이 놀라울 뿐이다.

이러한 산유국들은 대부분 정권 유지를 위해 정부지출을 줄이기가 어려워 유가가 떨어짐에도 불구하고 원유 생산을 더욱 확대하여 매출을 올려야 하는 상황이라 저유가 상황이 지속되는 악순환이 우려된다. 예를 들어 유가가 배럴당 50달러 정도라고 하면 대부분 산유국에서 생산 단가보다는 판매 단가가 높으므로 재정 부족분을 메우기 위해 생산을 늘리려 하는 상황이다.

그러나 저유가 상황에서 계속 생산을 늘려가는 것은 제살 깎아먹기가 된다. 좀 더 높은 가격에 수출하여 수입을 확대할 기회를 잃게 되는 것이다. 외환보유고가 풍부한 사우디(7,500억 달러), 러시아(4,000억 달러) 등은 상당기간 저유가 상황을 견딜 능력이 있는 것으로 전망된다. 그러나 외환보유고가 적은 이란(700억 달러)과 베네수엘라(200억 달러), 그리고 원유 생산 단가가 높은 아프리카 산유국들은 저유가에 따른 피해가 클 수밖에 없다

이란은 핵문제로 인한 서방의 경제 제재에 저유가로 어려움이 가중되는 상황이었으나 극적으로 핵협상 타결을 이루고 본격적인 석유 생산에 들어갔다. 베네수엘라는 물가 급등, 취약한 재정 사정 등으로 디폴트 가능성이 제기되고 있는데, 이를 극복하고자 중국에 도움을 요청중이라고 한다. 원유 상환 조건으로 40억 달러 대출, 200억 달러 중국 투자 유치 등을 추진하는 절박한 상황이다. 알제리, 나이지리아 등 아프리카 산유국들은 재정 수입 감소로 대규모 SOC 국책사업을 중단해야 하는 상황이다.

이러한 상황은 중동이나 아프리카에서 건설이나 플랜트 수주를 어렵게 하여 우리 건설업계의 어려움을 가중시킨다. 그리고 전 세계적인 수요 감소로 인해 모든 사업 분야에 직간접적인 영향을 줄 수밖에 없다. 예를 들어 항공사들의 경우는 저유가로 인해 수익 구조가 아주 좋아 질 수 있지만 장기적으로 저유가가 지속된다면 탑승객이 줄어드는 것도 예상할 수 있다.

만시지탄이지만 산유국들에게 가장 필요한 것은 산업 다변화와 우수행정(good governance)일 것이다. 사우디나 러시아, 카자흐스탄은 자원 산업 의존도를 줄이기 위해 그동안 산업 다변화를 가장 적극적으로 추진해온 국가들이다. 그러나 자원 수출 대금은 일확천금의 성격을 띠고 있어서 건전한 산업입국을 위한 분위기를 조성하기 어렵다. 자연스럽게 인재 양성도 대단히 느린 속도로 진행중이다. 우리나라 정부나 기업들이 앞으로 이들 국가들과의 경제 협력을 해나가는데 있어서 관심을 가져야 할 분야이다.

개도국에서의 자원 개발 프로젝트가 실패하거나 지연되어 커다란 손실을 입는 원인은 부패와 비능률적인 공공 행정 서비스, 무사안일주의가 자리잡고 있다. 공공행정 서비스 개선을 위한 KOICA를 통한 기술적 원조 사업이 새삼 중요해지는 것이다.

7

해양플랜트 수주는 대박인가? 쪽박인가?

2015년 우리나라 조선 3사는 해양플랜트 분야에서 7조원이라는 천문학적 규모의 손실을 기록하고 구조 조정에 들어갔다. 지난 몇 년 간 경제신문마다 우리 조선사들이 해양플랜트에서 대규모 수주하는 쾌거를 올렸다고 대서특필했었는데 과연 무슨 일이 벌어진 것일까?

세계 경기의 침체로 일반 선박의 발주가 줄어들자 우리 조선 3사는 미래의 먹거리라는 해양플랜트 수주에 집중하기 시작하였다. 우리보다 후발 주자인 일본, 싱가포르, 중국은 우리보다 경쟁력이 뒤떨어지는 상황이라 우리나라 기업끼리의 경쟁이 되었다. 결국 기업들 간의 제살 깎아먹기 경쟁체제가 된 것이다.

문제는 우리가 Drill Ship, FPSO 등 해양플랜트 제작에 강점이 있었지만 톱 사이드라 불리우는 기술 집약 시설 엔지니어링 분야에서는 아직 충분한 기술력을 갖추지 못하고 있었다는데 있었다. 수주금액의 30% 정도는 외부 전문 업체의 엔지니어링 서비스를 제공받는 구조라 수익을 올리는데 취약점이 있는 것이다. 게다가 서로 업계선두의 위치를 차지하고 그러한 입지를 바탕으로 좀 더 유리한 수주경쟁을 벌이겠다는 조선 3사의 과도한 경쟁의식은 계약시 제기되는 발주자의 불리한 요구 사항도 무분별하게 받아들여 대규모 손실을 초래하는 단초를 제공하고 말았다. 수주 경쟁은 과도한 양의 수주로 이어졌고, 기업의 건조 능력을 넘어서면서 결국은 공기에 못 맞추는 상황이 되었다.

그렇다면 우리 업체들은 무엇 때문에 손실이 날 수밖에 없는 수주를 했을까? 처음에는 저가 수주이지만 이익이 날 수 있다는 계산 하에 수주를 했을 것이다. 그러나 해양플랜트 사업에 내재해 있는 거대한 암초를 아직 충분히 인식하지 못한 데서 비극은 시작되고 있었다.

해양플랜트는 독특한 구조를 갖는다. 광구의 위치, 퍼올리는 원유나 가스의 성질에 따라서 맞춤형으로 시설을 만들어야 한다. 배를 새로 건조하는 사업은 배의 용도에 따라 일정한 스펙이 정해져 있고 일부 옵션만을 추가하면 되는 구조이다. 이에 반해 해양플랜트는 그야 말로 맞춤형이다. 일반 선박 건조가 기성복을 만드는 것이라면 해양플랜트는 맞춤 양복이다. 몸의 형태가 기형적이라면 더 섬세하고 주의를 기울여야 제대로 기능할 수 있는 옷을 만들 수 있을 것이다.

해양플랜트 시설을 만들기 위해서는 엔지니어링 회사부터 부품 공급업체에 이르기까지 다양한 업체들과 하청 관계를 맺고 이를 잘 운영해 나가는 것이 중요하다. 그래야만 공기도 맞추고 품질도 보장될 수 있다. 종합예술적인 성격이 강하다. 심해저나 혹한 지역 같은 경우에는 많은 시행착오와 기술적 한계를 극복해야 하는 과제가 주어진다.

우리 업체들이 해양 시설 분야에서 많은 수주를 하고도 이익을 내지 못한 데는 일정한 기간에 효과적으로 관리 운영할 수 있는 범위를 넘었기 때문이기도 하다. 과잉 수주에 따른 부실관리가 엄청난 손실을 초래한 것이다. 우리 업체들 간의 수주 경쟁도 이제는 차분히 재고해보아야 할 때가 된 것이다.

또 하나의 원인은 해양시설 분야의 기술자들이 비전통 분야인 셰일 분야로 대거 유출된 것도 있다. 우수한 인력이 빠져나감에 따라서 탄탄했던 엔지니어층이 무너지고 이에 따른 질적 저하 현상도 나타난 것이다.

우리나라의 조선 3사는 2015년 대우 조선해양이 5조의 손실을 낸 것을 비롯하여 천문학적인 손실을 기록하였다. 이제는 출혈경쟁을 지양하고 이익을 확보하는데 주력해야 할 때이다. 외형적 수주 경쟁의 심화는 공멸의 길로 갈 뿐이라는 인식을 분명히 해야 한다.

이러한 상황에서 2015년 5월부터 시작된 것이 노르웨이 선급회사 DNV GL과의 표준화 프로젝트(JIP, Joint Industry Project)이다. 노르웨이 선급(DNV GL)과 대우조선해양, 삼성중공업, 현대중공업 등 한국의 조선 3사는 한국조선해양플랜트협회, 한국조선해양기자재연구원과 더불어 해양 석유/가스 개발(offshore) 플랜트 건설 부문에 있어 새로운 국제 산업표준을 마련하고자 하는 JIP를 시작하여 진행하고 있다.

해양 E&P 플랜트 건설비용은 최근 몇 년간 급격히 증가하고 있는데, 발주자, 운영자, 규제당국으로부터의 다양한 요구사항과 이로 인하여 설계 및 건설 단계에서 발생하는 변동사항들은 조선회사들에게는 도전일 뿐 아니라 해양플랜트 건설비용 상승의 주요 원인으로 꼽히고 있다. 프로젝트에 따라 다른 특유한 요구 사항들을 충족시키는 과정에서 발생하는 재작업, 공사 지연 등은 조선회사들에게 많은 추가비용을 부담시키고 있다.

한국의 조선사들은 해양 석유/가스 개발 플랜트 건설에 있어 시장 선두주자라 할 수 있지만, 최근 어려운 시장상황은 이들로 하여금 보다 나은 경제적인 성과를 보이도록 압박하고 있다.

한국 조선 산업이 세계 수준이라 하더라도 발주자마다 다른 요구사항들을 상당한 비용절감을 전제로 충족시키지 못한다면 경쟁력과 시장 점유율을 잃을 수 있는 상황이다.

실제로 다양한 산업 기준과 요구조건들은 해양플랜트 공급업체들에게 큰 어려움으로, 심지어 디자인이 확정되어 제작단계에 들어간 후에도 설계를 변경해야 하는 상황이 발생함으로 인해 공기가 늘어나는 등 많은 손실을 겪고 있다.

앞으로 표준화 작업이 성공적으로 완성되면 디자인 기간 단축과 디자인 변경 최소화, 원자재 구입, 제조, 시험 비용 절감, 특히 주문에서 실제 사용에 이르는 기간(lead-time) 축소와 재고 자재의 재활용이 가능해질 것이다.

표준화된 부품, 장비, 품질 보증 절차(qualification procedure)의 마련을 통해 품질과 안전을 저해하지 않고도 비용 절감과 예측가능성 향상을 이루는 것이 JIP의 목적으로, 이 프로젝트에서 개발한 가이드라인을 토대로 국제적으로 인정되는 표준을 개발하는 것이

궁극적 목표이며, 일례로 일반적인 tension leg 플랫폼 프로젝트에서 5억 달러(15%) 수준의 비용 절감 효과를 기대할 수 있다.

최근 해양 석유, 가스 개발 플랜트 분야에서의 비용 상승 문제에 대해 현재의 공급 구조에서 보다 근본적인 비용 절감 방안을 강구하는 측면에서 접근하여야 한다.

전문가들은 최근의 위기는 기존의 비효율적인 협업 체계를 바꿀 수 있는 기회를 제공하고 있다고 평가한다. 기존의 체계는 프로젝트를 수행하는 각 주체 간에 협업이 잘 되지 않고 있기 때문에 발생하는 시스템적인 낭비가 크며, 일례로 생산 회사는 언제 어디서 어떤 설비가 필요한지 서비스 회사들에게 충분한 시간을 두고 사전 고지하지 않고 있다.

JIP 공동추진 협약체는 우선 간단한 부품과 장비들(구조물의 골격, 벌크 자재, 파이프, 전기/기기(E&I) 등)에 대한 표준화를 시작해 나갈 예정이며, 내년에는 전체 모듈 및 장비 패키지에까지 확장할 계획이다. 가장 효과적인 수단을 찾기 위해서 업계의 표준, 기업의 표준, 해양 법규 등을 포함한 모든 방법론이 다 검토될 것이다.

우리 기업들과 경쟁하는 중국이나 일본의 사정을 살펴보자.

중국 경제의 혼란은 조선업을 지배하고 있지만 최근의 경기침체와 선박의 과잉공급, 용선 가격의 하락으로 이미 어려움을 겪고 있는 한국의 3대 조선회사들에 또 다른 어려움으로 다가오고 있다. 그동안 한국 원화는 일본 엔화와 중국 위안화에 대해 강세를 보였으며, 이는 일본과 중국 대비 한국의 조선업 가격 경쟁력에 부정적 영향을 미쳤다. 중국의 위안화 절하조치가 중국 조선사들의 가격 경쟁력을 강화시켜 한국의 조선회사들에 압박이 될 것으로 전망하고 있다.

일본조선협회의 관계자에 따르면, 일본 조선회사들은 원화에 대한 엔화 약세로 상대적으로 이득을 보았지만, 그럼에도 중국경제의 침체로 새로운 선박 수요가 감소하면서 어려움을 겪고 있다고 한다. 석유 가격의 하락도 일본 조선회사들에 부정적 영향을 미치고 있는데, 그간의 고유가가 일본이 경쟁력이 있는 에너지 고효율 선박에 대한 수요를 늘렸었기 때문이다.

신규 선박 발주는 국제무역이 침체되면서 급감하고 있다. 중국 조선협회에 따르면, 2015년 1~7월간 중국의 선박 수주는 전년대비 70% 감소하였다. 한국은 2015년 3월 현재 신규 선박 발주 물량의 44%를 차지하여 시장점유율 1위이며, 이어서 일본이 30%, 중국이 24%를 차지하고 있다.

낮은 노동비용의 이점을 가진 중국 조선사들과의 직접적인 경쟁을 피하기 위해 한국 조선 회사들은 고유가 시절 대형 석유 기업들에 의해 확대된 해양플랜트에 주력해왔다. 하지만 유가 급락에 따라 대형 석유기업들은 자본 지출을 축소하고 있으며, 해양플랜트 발주는 줄어들었다.

앞으로 유가가 회복되면 우리 기업들의 해양플랜트 수주는 이익을 낼 것으로 보인다. 다만 고부가가치 산업에서 수용 불가한 저가 수주는 지양해야 한다. 최고급 스테이크를 정크푸드로 만드는 우를 범하지 말아야 한다.

8

개도국에서의 자원개발의 위험성

유가의 급락은 자원 개발 회사들의 행동 반경에 커다란 변화를 가져오고 있다. 메이저 에너지 개발 회사들이 개도국에서 빠져나가고 있다.

지난 수십 년 동안 개발도상국 정부의 부패, 예측 불가능성, 국영기업과의 불리한 계약 조건 등으로 어려움을 겪어온 그들이 이제는 OECD 국가 내에서의 개발에 눈을 돌리고 있는 것이다. 선진국에서는 개발비용이 상대적으로 높고 규제도 심한 편이지만 투명성이 높고 정치적으로 안정되어 현금 흐름이 예측 가능하다.

예를 들어 엑슨모빌사의 경우 파푸아뉴기니에서 열악한 인프라와 자연 환경, 지역 주민의 반대로 비용이 25% 증가하였고, 쉐브론이나 쉘사도 차드와 나이지리아에서 비슷한 사유로 자산 매각에 들어갔다.

원유와 천연가스의 공급이 늘어나고 가격은 낮은 수준에 머무는 현상이 지속되는 한 위험이 큰 개도국에서의 자원개발은 연기되거나 취소될 가능성이 높다. 지금은 생산 비용을 어떻게든 줄여서 수익을 내는 것에 에너지 개발 기업들의 사활이 걸려있기 때문이다.

유가가 어느 정도 회복이 되더라도 이제는 자원 개발을 위해서 각국 정부가 제공하는 공공 서비스에 대한 평가가 중요해질 것이다. 그동안 발목을 잡아왔던 광업권 연장, 개발이익의 분배 방식, 기술 인력의 양성과 활용 뿐만 아니라, 입국 사증, 체류 사증, 노동 허가, 과도한 민원 등에 대해 획기적인 개선이 요구된다. 우리 정부도 이러한 경제외적 장애요인들의 제거를 위해 해당 국가와의 꾸준한 교섭이 중요하다.

그동안 공공 서비스가 만성적인 장애물로 남아있었던 이유는 자원의 희귀성과 관련이 깊다. 또한 자원 보유국들이 대개는 저개발 국가이고, 국부의 원천이 자원 밖에 없다보니 외국인 투자자들에 대해 강압적이고 비합리적인 일방적 조치들을 취해왔던 것이다.

그러나 이제는 자원 개발 분야도 투명성이 높아지고 경쟁이 치열한 시장으로 변화해 가고 있다. 우리 기업이 자원 개발을 하려고 진출하는 국가에 대해서는 국제협력단(KOICA)를 통한 공공 행정 서비스 개선을 위한 협력 사업을 더욱 강화할 필요가 있다. 하루아침에 투자 환경의 개선이 이루어지기는 쉽지 않지만 우리가 반드시 진출해야할 국가에 대해서는 이러한 기술적 공여가 무엇보다 중요하다. 이와 더불어 일반사증면제, 기업인 복수사증협정, 체류조건 개선을 위한 정부의 노력이 필요하다.

필자는 주 카자흐스탄 대사로 근무하면서 우리 기업들의 불편사항을 모아서 개선 방안을 명시하여 카자흐스탄 정부에 외국인 투자 환경 개선 대책 건의안으로 제출하고, 외교단에도 공람을 하였다. 이를 보고 미국과 유럽연합국가들이 공동 발의국으로 포함시켜 달라고 요청하여 왔다. 그 이후 우리 대사관은 공동 발의에 참여한 대사관들과 공동으로 카자흐스탄 정부와 1년이 넘도록 교섭하여 많은 개선의 효과를 성취할 수 있었다. 우리나라로서는 일반 사증면제협정과 기업인 복수사증협정인 한시적 근로 협정을 정상회담을 계기로 서명하고 발효되도록 하였다.

개도국의 지방에서는 중앙 정부가 잘 인식도 못하고 있는 불편사항들이 수시로 일어나고 있고, 우리 기업인들이 시간과 경비를 낭비하게 되는 경우가 부지기수이다. 그러한 현장에 대사를 비롯한

에너지 시장의 파워게임

공관원들이 방문하여 지방 관리들을 설득하고 우호적인 관계를 설정해 나가는 것은 그 무엇보다 가치가 있는 일이다.

개도국의 투자환경 개선은 시간이 흐른다고 완전히 해결되는 문제가 아니고 사회경제적 성격을 띤 복잡한 문제이다. 때로는 이러한 문제들이 거대 프로젝트를 끝내 멈춰서게 하는 경우도 있다.

그럼에도 불구하고 중국은 줄기차게 아프리카를 비롯한 개도국에서의 자원개발 전략을 고수하고 있다. 장기적인 게임에서 중국이 과연 승리할 것인지 귀추가 주목된다.

제2부

국제정치와
석유전쟁

두 차례의 오일쇼크

닉슨 대통령은 1968년 대통령으로 당선된 후 이란을 중동지역에서의 제일 중요한 혈맹으로 대하였다. 그때까지 이란은 이스라엘에 가스를 수출하는 우호적 국가였다. 이란은 2차 세계대전중 영국과 소련에 의해서 점령된다. 종전과 함께 다시 독립국이 된 이란의 팔레비 국왕은 석유 생산으로 생기는 돈을 국방력 증강에 퍼부었다. 다시는 국가를 빼앗기는 치욕을 당하지 않겠다는 강력한 의지였을 것이다.

오일 머니는 나라를 안정시키고 국가의 독립을 유지하는데 필요한 생명줄이었다. 그러나 이러한 분기탱천한 마음이 이란을 경제적으로 성장시키고 장기적인 안정을 확보하는 데는 별 도움이 되지 않았다. 이란은 미국이 생산을 망설이던 첨단 전투기를 대량 도입하기로 하여 다 망해가던 미국 항공기 제작사를 살려주기도 하였다. 팔레비 국왕의 미국 무기에 대한 집착은 대단하였다. 이에는 이라크와 이집트에 대한 소련의 군사 고문단 파견과 무기 공급이 커다란 자극제가 되었다. 이때까지만 해도 이란은 이스라엘과 적대적 관계가 아니었다. 이란은 국방력 강화를 위해 고유가 정책을 고수하였다.

닉슨 대통령이 워터게이트 스캔들로 물러나자 포드 대통령은 이란에 대한 대규모 무기판매와 이란의 고유가정책의 위험성에 대한 정책 재검토에 들어갔다. 고유가 정책으로 미국이나 유럽 국가들은 심각한 재정 파탄을 유발하기 일보 직전이었다.

1973년 10월 이집트와 시리아는 이스라엘을 공격했다. 제4차 중동전쟁이었다. 미국은 즉각 이스라엘에 무기를 공급하여 대응하도록 하였다. 이에 맞선 아랍의 석유수출국들은 미국에 대한 원유 수출금지조치를 취하였다. 유럽과 일본에 대한 석유수출도 금지되면서 중동에서 발발한 분쟁은 전 세계를 공포 속으로 빠져들게 하였다.

배럴당 3달러 수준이었던 국제유가는 12달러까지 솟아오르며 세계경제를 마비시켰다. 석유가 그 무엇보다도 무서운 무기임을 실감

에너지 시장의 파워게임

하는 순간이었다. 이러한 위기 상황에 대처하기 위해 미국 정부는 미국 내에서 생산된 석유를 해외에 수출하는 것을 전면적으로 금지하게 된다. 그로부터 이를 재개하는 2015년까지 미국 정부는 40여 년 동안 석유수출 금지 조치를 통해 국내 산업을 보호하는 정책을 편다.

그 이후 1979년 이란의 팔레비 왕정이 무너지면서 2차 오일쇼크가 왔다. 주요 산유국인 이란의 정세가 혼미에 빠짐에 따라 석유의 공급이 줄어들고 유가는 40불까지 급등하였다. 아랍 산유국들은 거대 미국과 유럽 그리고 우리나라나 일본을 상대로 석유라는 무기를 빼어 서슴없이 휘둘렀다.

이 당시에는 미국이나 선진 국가들도 석유를 대체할만한 자원을 개발하지 못한 상황이었다. 꼼짝없이 경제의 생명수인 석유를 봉쇄당한 국가들은 고물가와 경기침체의 고통을 감내할 수밖에 없었다. 이때의 충격은 결국 많은 서구 국가들에게 학습 효과를 주어 신재생 대체에너지 개발에 본격적으로 나서게 하는 부수적 효과도 있었다. 덴마크가 최선봉에 섰고, 독일도 적극적으로 나섰다. 또한 미국을 비롯한 선진 산업국들은 석유비축량을 확보하고 장기 공급계약을 통해 자원무기화에 대응하는 조치를 취해 나갔다.

그러나 중동의 산유국들은 국제적인 분쟁이 발생하면 자신들을 위협하는 각국의 정권을 붕괴시킬 수 있는 파괴력을 갖고 있다는 것도 입증하였다.

자원의 무기화는 석유를 무기로 사용한 아랍산유국에는 부메랑으로 돌아왔다. 유가가 올라가자 그동안 경제성 때문에 망설이던 국가들이 본격적인 석유 생산에 나서면서 공급량이 급증하였다. 베네수엘라, 멕시코, 나이지리아 등이 신흥 산유국으로 등장한 것이다.

유럽에서는 북해 그리고 미국의 알래스카에서도 새로운 유전을 개발하려는 노력이 시작되어 성공을 거두기 시작하였다. 이러한 공급량의 대대적 증가는 1980년부터 20 여년간 국제 유가가 절반 이하로 하락하는 요인을 제공하였다. 미국의 셰일오일, 가스 추출 기술 개발, 캐나다의 샌드오일 개발도 이러한 상황에서 움트고 있었다.

미국은 고유가 정책을 고집하는 이란 대신에 온건한 사우디 왕국과 손을 잡고 국제 유가를 안정화시키는 정책을 추구하게 된다. 그로부터 현재까지 미국과 사우디는 에너지 수급문제부터 안보 문제에 이르기까지 굳건한 동맹관계를 이어오고 있는 것이다.

이란 팔레비왕의 현대식 무기에 대한 집착은 굳건했던 미국과의 관계를 파탄나게 만들었고, 국내 경제의 파탄을 초래하였다. 이란은 중동지역에서의 미국의 주요 동맹국 지위에서 밀려나고 주도권을 사우디에게 넘겨주고 만다.

반미주의가 비등한 이란에서는 결국 왕정을 엎고 이슬람 종교 지도자들이 통치하는 국가로 변해갔다. 소련으로부터의 핵개발 기술을 도입하고, 이를 진행하자 미국과 유럽연합은 이란에 대한 경제제재를 취한다.

2

저유가 정책과 소련의 붕괴

1991년 12월 25일 소련은 붕괴되었다.

70여년 이상 국제질서의 한 축이었던 공산주의의 맹주 소련의 붕괴는 충격 그 자체였다. 그러나 소련의 붕괴는 드라마틱한 모습은 아니었다. 더는 지탱하기 어려운 사회주의 경제체제와 권위주의적인 정권의 안락사 같은 모습이었다.

소련의 마지막 2년을 모스크바에서 지켜본 필자에게 크렘린궁돔 형태의 국기 게양대에서 소련기가 내려오고 러시아기가 게양되는 장면조차 너무 조용하고 차분하였다. 크리스마스 이브 눈 내리는 밤에 소련기는 하강식을 마치고 역사의 뒤안길로 사라져갔다.

미국이 사우디아라비아와 공모하여 소련을 붕괴시키기 위하여 국제 유가를 낮은 수준으로 유지하였다는 가설은 진실일까? 1985년 9월 사우디의 석유 장관이 유가 방어를 포기하는 정책을 선언한 후 6개월 간 석유 생산을 4배로 늘린 조치를 두고 하는 말이다. 이러한 급격한 조치에는 정치적 의도가 숨어 있을 것이라는 분석이다.

미국의 전반적인 경기 침체로 인하여 석유에 대한 수요가 급격히 떨어져 있는 상황에서 사우디가 수출량을 급격히 늘렸다는 것은 잘 이해되지 않는 일이었다.

이러한 상황을 좀 더 상세하게 들여다보면 1970년대 발생한 두 번의 오일쇼크의 반작용이 길게 그림자를 드리운 모습이 보인다. 산유국의 증가로 석유의 공급과잉이 이루어졌는데 세계 경제는 침체국면에서 헤어나지 못하고 있었던 것이다.

그렇다면 '미국이 사우디와 공모'하여 국제유가를 폭락시킨 것이 소련 붕괴의 유일한 원인일까?

그렇지는 않다.

로널드 레이건 대통령은 1983년 우주에서 핵탄두를 장착한 탄도 미사일을 요격한다는 일명 '별들의 전쟁'(SDI: Strategic Defence Initiative) 구상을 발표한다. '악의 제국' 소련을 제압하기 위한 최대의 블러핑 카드를 내민 것이다. 소련으로서는 이에 맞대응하려면 엄청난 국방비가 추가로 소요되는 딜레마에 빠진다. 실제로 소련은 미국의 발표 이후 매년 100억 달러 이상의 국방비를 증액시킨다. 그리고 소련의 고르바초프 서기장은 미국의 SDI 구상을 좌절시키기 위해서 전략무기 감축협상에 적극적으로 나온다. 가뜩이나 사회주의 체제의 한계를 드러내고 있던 소련에게 국방비의 추가 부담은 민생을 도탄에 빠지게 하는 위협이었다.

1979년 이슬람 근본주의의 소련 남부지역 침투를 막으려고 아프카니스탄을 침공했던 것도 실패로 돌아간다. 미국이 반군에게 스팅어 미사일을 제공하기 시작하면서 전세가 역전되고 소련군은 1만 명이 넘는 희생자를 남기고 퇴각한다. 소련에게 경제적인 부담뿐만 아니라 사회주의 진영의 지도국가 위상에 결정적인 흠집을 낸 사건이었다.

소련은 고르바초프가 페레스트로이카(개혁)와 글라스노스치(개방) 정책을 추진하기 시작한 1985년에 이미 탈진 상태였다. 농작물이 산지에서 소비지까지 저장, 운송되는 시스템이 붕괴되어 식량 부족 현상이 심각했다. 먹고 살 만큼 농작물이 생산되었는데도 저장하는 시설이 부족하고, 연료부족으로 철도나 트럭으로 운송할 수가 없어서 썩어 없어지고 있었다. 휘발유 부족으로 기름을 넣기 위한 차량행렬이 도시 곳곳에 눈에 띄었다. 국내 항공편은 수시로 결항되고 있었다.

산유국인 소련에게는 이때의 국제적인 저유가가 이중의 고통이 된 것이다. 국가 재정수입은 태부족이고 지출하여야할 곳은 너무 많은 현상이 수년간 계속되었고, 이를 버티지 못하고 급기야는 1991년 말 15개의 나라로 갈라진다. 수많은 논쟁이 있었지만 이때의 연방 붕괴는 15개 공화국간의 합의이혼 형태를 보였다. 국제 유가는 배럴당 10달러 수준이었다.

소련이 극심한 재정 부족 상태에서 식량마저 미국과 유럽의 원조에 의존하는 상황이 연출되면서 소련의 영향권 아래 있던 동부유럽 위성국들이 하나둘씩 떨어져 나갔다. 소련을 구성하고 있던 발틱 3개국과 그루지아의 소연방 탈퇴와 독립 운동을 기점으로 몇 년간의 소연방 재구성에 관한 다양한 논의도 힘을 잃고 1991년 말에 소연방은 해체된다.

2000년부터 시작된 고유가 현상이 좀 더 일찍 시작되었다면 소련은 붕괴되지 않았을까? 냉전은 좀 더 오래 지속 되었을까? 역사에는 가정법이 없다. 존재의 무게를 이기지 못한 소련은 역사 속으로 사라져 갔다.

3

산유국 카자흐스탄의 등장

1985년 6월 소련의 카자흐스탄 공화국의 서북쪽 텡기즈 유전에서 대형 화재가 발생하였다. 소련은 미국과 캐나다 기술자들의 도움을 받아 4개월에 걸쳐 화재를 진압한다. 그리고 나서도 이 지역은 400일 동안에 걸쳐 화재로 인한 피해 복구와 안정성을 되찾는다. 이것이 오늘날 100억 배럴 이상의 매장량과 세계적 규모의 생산량을 자랑하는 텡기즈 유전 출현의 서곡이었다.

1992년 소련이 붕괴되고 독립국이 된 카자흐스탄도 국가 건설을 위해 오일 머니를 최대한 이용했다. 소련말기 나자르바예프 카자흐스탄 공화국 총리는 모스크바를 대상으로 카스피해 연안의 유전에 대한 권리를 확보하는데 성공했다. 대규모 육상유전인 아티라우 지역의 텡기즈 유전의 개발에 쉐브론을 끌어들여 성공적으로 사업을 진행했다. 여기서 창출된 막강한 수입이 그로부터 30여 년 간 카자흐스탄을 중앙아시아에서 가장 빨리 성장하고 안정된 국가로 도약하는 계기를 만들어주었다.

나자르바예프 대통령은 화석연료에만 의존하는 경제는 한계가 있다는 생각에 산업 다변화 정책을 줄기차게 추진했다. 그러나 구체적인 성과를 내는 데는 실패했다. 독립 후 카자흐스탄으로부터 썰물처럼 빠져나간 3백만 러시아인, 1백만의 독일인들 중에는 국가 발전에 필수불가결한 엔지니어들이 포함되어 있었던 것이다. 국비 장학생들을 해외에 유학시키고, 나자르바예프 대학을 세워 해외에서 유능한 교수들을 초빙하여 인재양성에 매진하고 있지만 아직은 초기 단계이다.

국제회의를 많이 유치하고 외국과의 학술교류, 경제협력에 개방적이고 적극적인 정책을 추구하고 있는 점이 눈에 띈다. 소련의 붕괴이후 색깔 혁명이 휩쓸고 간 구소련 지역의 정권들이 급격히 권위주의적인 체제로 회귀하거나 보호주의적 정책을 쓰고 있는 추세에 비추어보면 예외적으로 긍정적인 상황이다.

소련 붕괴과정에서도 러시아 오일 업자들은 옐친 대통령에게 텡기즈 관할권을 넘겨주지 말라고 끊임없이 로비하였다고 한다. 소련의 석유회사들이 탐사하고 개발해오던 유전이었던 만큼 쉽게 넘겨주지 않으려 했던 것이다.

그러나 옐친 대통령은 소련을 부정하면서 카자흐스탄과 함께 민주적인 독립국가 연합을 만들어 가려 했기 때문에 카자흐스탄에게 관할권을 넘겨준 것이다. 소련이 붕괴되어 15개 국가로 갈라졌지만 러시아, 카자흐스탄, 벨라루스, 우크라이나 등 소련을 구성했던 핵심국가들은 국가연합을 구성하는 방안을 집중적으로 논의한 바 있다. 나자르바예프 대통령은 소련 이후의 정국에서 러시아의 중요한 파트너였고, 이러한 배경은 카자흐스탄이 중요한 산유국으로 부상하는 배경이 된 것이다.

쉐브론사는 텡기즈 유전 개발로 막대한 수익을 올리고 있다. 카자흐스탄에 진출했던 메이저 석유 기업 중 가장 성공하였다. 저유가로 착공이 지연되고 있기는 하지만 대우조선해양은 30억 달러 규모의 텡기즈 쉐브로일 증산 공사를 수주한 바 있다.

카스피해에 위치한 카샤간 유전은 세계 최대의 해상유전이다. 현재까지 엑슨모빌 등이 참여하여 650억 달러의 개발 비용을 사용하였으며, 총 개발비가 1,500억 달러에 이를 것으로 예상되는 초대형 유전이다. 기술적인 결함으로 상업생산이 지연되고 있으나 본격적인 생산이 시작되면 석유시장의 공급초과 현상을 더욱 악화시킬 수 있다.

　러시아가 카자흐스탄을 독립국가연합 회원국 중에서도 특별히 중시하는 이유는 여러 가지가 있다. 소련시절부터 지금까지 우주선을 발사하는 바이코누르 기지가 카자흐스탄의 서부에 위치해 있다. 카자흐스탄은 세계 5대 산유국이며, 앞으로 개발이 진행됨에 따라 사우디에 맞먹는 생산량을 보일 것으로도 예상된다. 카자흐스탄의 동북쪽 세미팔라틴스크는 소련시절 지상과 지하 핵실험이 500회 이상 실시된 전략적 요충지이다. 제 2차 세계대전이 발발하자 스탈린은 전쟁에서 이기기 위해 우크라이나에 있던 공장시설을 소련의 내륙 깊숙이 카자흐스탄의 동북지역인 파블로다르와 카라간다로 한 달도 안 되는 동안 이전시킨 바 있다. 한 마디로 오늘날에도 카자흐스탄은 러시아에게 없어서는 안 될 중요한 파트너 국가이다.

4

경제위기와 푸틴의 집권

1997년말 우리나라를 위기에 몰아넣었던 동아시아 금융위기는 1998년 러시아에도 휘몰아쳤다. 1991년 소련에서 분리독립된 러시아 연방은 시장 경제로의 이행과 민주주의를 한참 실험하고 있는 단계였다. 옐친 대통령의 민주화 노력은 자신의 불안정한 건강 상태 만큼이나 예측 불가능한 상황이었다.

러시아가 채무 불이행 상황에 빠지자 미국과 유럽은 러시아의 민주주의 뿌리를 지켜내기 위해 IMF의 구제 금융을 제공했다. 러시아의 정치적 혼란이 다시 반복되는 경우 냉전 이후 형성되기 시작한 국제 정치 무대의 평화 무드가 깨지게 될 지도 모른다는 우려가 크게 작용하고 있었다.

전문가들은 신생 러시아의 시장 경제 체제 유지와 민주주의 발전을 위한 많은 조언을 제공하였다. 석유 수출에 의존하는 러시아 경제 구조를 개선하여 산업화에 이르도록 유도하는 노력이 전개되었다.

'악의 제국' 소련이 무너진 자리에 피어난 신생 러시아는 서방국가에게는 애지중지하는 대상이었다. 러시아가 민주주의와 시장경제의 노선을 충실하게 따라간다면 유럽에 전쟁의 위험이 사라지고 안보문제도 사라질 것이라는 믿음이 있었다. 냉전시대에 소련으로부터 서유럽을 지키기 위해 썼던 국방비와 마샬플랜도 더 이상 필요 없을 것이라는 희망으로 러시아에 대한 전폭적인 경제적 원조가 이루어졌다. 1991년과 1993년 두 차례의 쿠테타를 겪은 러시아는 내부적으로 수많은 갈등요소를 안고 있었다. 이러한 러시아에게 미국과 유럽은 통풍구를 제공하였다. 그러나 사회주의 경제 체제에서 시장 경제로 변환하는 것은 더디고 어려웠다. 이러한 상황에서 2000년 푸틴 총리가 대통령에 당선되면서 국제 에너지 시장의 상황이 바뀌기 시작하였다.

중국의 경이적인 경제성장이 계속되면서 에너지 소비의 블랙홀로 떠오른 것이다. 국제 유가와 식량 가격은 가파르게 오르기 시작했다. 에너지 가격 폭등에 의한 전 세계적인 인플레 현상에 애그플레이션(Agflation)까지 겹쳐서 국제적으로 오르지 않는 것이 없는 상황이 조성되었다.

냉전의 굴레에서 벗어난 세계 경제는 이제 상승 기류를 한껏 타고 떠오르기 시작했다.

소련과 동유럽에 자본주의의 개념이 뿌리를 내리기도 전에 부동산과 자원에 대한 투기적 거래의 일진광풍이 몰아쳤다. 천연 자원뿐만 아니라 모든 물건의 가격이 오르는 현상은 부동산 가격의 폭등으로 연결되었다. 모스크바에는 프랑스를 비롯한 서유럽의 은행들이 속속 지점을 열고 세련된 금융서비스를 제공하기 시작하였다. 러시아 은행보다 훨씬 낮은 이자에 친절한 서비스를 제공하는데 러시아인들은 미혹당하였다.

부동산 상승지수가 분기별로 작성되었다. 임대료도 천정부지로 뛰기 시작했다. 모스크바 중심가의 새로 지어진 아파트의 경우 2베드룸의 월세가 5천 달러를 넘어섰다. 아파트를 사기만 하면 고소득이 보장되는 추세였다. 자금력이 있는 러시아인들은 부동산 투기 열풍에 몸을 던졌다.

월세를 내고 살던 미국인들은 서브프라임 모기지를 얻어서 집 사기 열풍에 가담하였다. 오르는 집값을 담보로 고급승용차도 사들이기 시작했다. 모든 사람이 선택만 잘하면 부유층에 합류할지도 모른다는 환상은 2008년 글로벌 금융위기를 불러왔다. 한껏 부풀어 오르던 풍선이 터지면서 많은 미국 서민들은 파산을 경험해야 했다.

1997년 우리나라를 비롯한 동남아 국가들을 강타했던 금융위기가 지나간 지 10년 만에 미국을 비롯한 유럽 국가들은 메가톤급 경제위기를 당했다.

젊은이들의 선망이었던 투자 은행들이 무참하게 쓰러졌다. 빚을 과도하게 얻어서 부동산과 주식에 투자한 결과는 전쟁의 참화처럼 처참했다. 미국의 중산층이나 저소득층에게 꿈을 줄 것 같았던 서브프라임 모기지 붕괴는 거대한 눈사태가 되어 미국 경제를 무너뜨리고 있었다. 미국이 다시는 세계의 지도 국가가 되지 못할 것이라는 성급한 예언가들이 여기저기서 튀어나와서 떠들어댔다.

미국은 할 말을 잃었다. 미국을 지탱해왔던 신뢰가 무너졌다. 글로벌 금융위기는 세계 경기를 급속하게 냉각시켰다. 세계의 생산 공장들은 하나 둘 가동을 멈추었다. 미친듯이 올라가던 석유를 비롯한 자원의 가격은 추풍 낙엽처럼 떨어지기 시작하였다.

우리 경제를 살리기 위해 필사적으로 자원 외교에 나섰던 우리 정부는 망연자실하였다. 막대한 돈을 주고 사들였던 유전은 부실

투자가 되어버렸다.

이러한 와중에 아주 이상한 현상이 나타났다. 중국 에너지 회사들이 돈을 마구 풀어서 해외 유전을 사들이기 시작한 것이다. 입찰에 제시된 가격보다 두 배를 선뜻 내겠다고 하는 경우까지 발생하였다. 카자흐스탄도 외환보유고가 급격히 줄어들고 서유럽의 투기자금들이 빠져나가면서 지불불능의 상태에 빠졌다. 구제 금융을 요청하는 카자흐스탄에게 중국은 러시아가 제공한 차관보다 훨씬 많은 100억 달러의 차관을 제공하였다. 그리고 북서부 유전을 두배 가격을 써내고 사들였다.

중국은 2008년 글로벌 경제위기 후 카자흐스탄에서의 석유생산을 30% 수준까지 끌어올렸다. 악토베에는 CNPC 단독청사가 마법의 성처럼 우뚝 들어섰다. 카자흐스탄이 중국의 경제적 침투를 줄곧 경계하여 왔지만 절대 절명의 경제위기는 중국에게 유전 추가 매입의 기회를 제공하였다.

왜 중국은 거꾸로 가나?

중국의 백년대계는 무엇인가?

중국은 그저 막연한 기대감으로 시장에 나오는 물건을 거두어들이는 것인가?

에너지 시장의 파워게임

아니면 중국은 전 세계의 유전 개발에 돈을 퍼부어 궁극적으로는 OPEC처럼 가격 설정 능력을 확보하려는 것인가?

2014년부터 시작된 저유가 현상은 분명 중국의 자원개발 프로젝트에도 부정적 영향을 미쳤을 것이다. 막대한 손실을 기록했을 터인데 조용하다. 정부 주도형 경제 체제이니 만큼 우리와는 사정이 다를 것이지만 이상할 정도로 파열음이 밖으로 나오지 않고 있다. 앞으로도 중국이 유전이나 가스전 개발을 계속 추구할 지 지켜볼 일이다. 장기적으로 국제 에너지 시장에 미칠 영향이 큰 문제이기 때문이다.

5

아랍의 봄

2010년에 시작된 북아프리카, 아랍권 국가들의 반정부 시위는 소위 '아랍의 봄'이라는 광풍을 몰고 왔다. 튀니지 노점상 소년의 죽음으로 발화된 민주화시위는 벤 알리 대통령을 축출하기에 이르렀고 뒤이어 이집트에서 반정부 시위가 격화되었다. 40여 년간 이집트를 철권 통치하던 무바라크 대통령도 하루아침에 권좌에서 쫓겨났다. 더 극적인 것은 카다피 리비아 대통령이 내란 수준의 무력 충돌 과정을 거치면서 시위대에 의해 피살된 것이다. 뒤이어 예맨과 시리아에서도 내전 양상이 전개되었다.

러시아나 중앙아시아 국가들은 이러한 아랍 발 민주화시위가 자신들을 덮칠지 모른다는 우려에 전전긍긍하기에 이르렀다. 이러한 북아프리카, 중동지역의 정정 불안은 석유생산의 감소로 이어졌다. 유가는 꾸준히 상승하여 2008년 상황이 재현되는 것 아니냐는 우려를 불러일으켰다.

필자는 재외동포 영사국장으로 일하면서 우리 국민들을 정변 발생 지역으로부터 소개시키는 일을 했다. 리비아에서는 우리 진출 기업들이 방글라데시 등 제 3국 근로자들을 본국까지 안전하게 후송하였다. 그들은 리비아 시장이 다시 열리면 반드시 돌아와 한국 기업에서 일하고 싶다면서 떠나갔다.

필자가 대사로 부임한 후에 카자흐스탄의 서부 유전지대인 자나오젠에서 노동자들과 경찰 사이에 무력 충돌이 발생하여 다수의 사상자가 발생하였다. 나자르바예프 대통령은 직접 그 지역을 방문하고 주지사를 비롯한 관계자를 경질하고 긴장 완화 조치를 신속하게 취하였다.

아랍의 봄이 중앙아시아를 엄습할지도 모른다는 긴장감 속에 취해진 조치였다. 1992년 소련 붕괴이후 소위 색깔혁명이라는 민주화 시위가 우크라이나, 그루지아, 키르기스탄을 휩쓸고 갔고, 이 과정에서 정권이 수차례 전복되는 혼란을 겪은 바 있었다.

아프리카에서 아랍을 거쳐 러시아와 중앙아시아로 민주화의 물결이 들불처럼 타오르고 있었다. 그러나 나자르바예프 대통령은 이를 이겨낼 충분한 권위를 보유하고 있었다. 소련의 붕괴 과정에서 독립국가 카자흐스탄을 세우고 국민적 자존심을 키워온 공로를 국민들은 외면하지 않았다. 들불은 중앙아시아에서 멈춰졌다.

러시아와 중앙아시아의 카자흐스탄, 우즈베키스탄 등은 산업 다변화를 통한 민생 향상이라는 정책에 온 힘을 다했다. 우리나라 기업을 비롯한 선진국 기업들의 투자유치에 혈안이 되었다. 카자흐스탄의 경우 국장급 정부 대표단이 방문을 해도 전담 의전 요원과 고급 승용차를 제공한다. 영어를 유창하게 구사하는 젊은 인력들이 날로 늘어났다. 경제 포럼에 세계적으로 유명한 인사들이 초청되어 왔다. 행사를 위한 행사, 속빈 강정이라는 지적도 있지만 산업 입국을 향한 그들의 의지와 꿈은 사그러들지 않고 있다.

아랍의 봄은 주요 산유국을 예측 불가능의 정정불안 상태로 몰아 넣어 전 세계를 긴장시킨 사건이다. 산유국들의 정정 불안은 에너지 시장에도 파열음을 일으킨다.

2008년 글로벌 금융위기 여파로 배럴당 40달러까지 급락했던 유가는 또다시 배럴당 110달러 수준까지 뛰어 올랐다. 정치 상황은 수급 상황을 교란하면서 각국의 경제를 멍들게 하는 충분한 펀치력을 갖추고 있었다.

에너지 시장의 파워게임

6

우크라이나 사태와 유가 폭락

2014년 2월 우크라이나에서는 유럽연합 가입을 지지하는 야당 세력에 의해 친러시아계 야누코비치 대통령이 탄핵된다.

3월에는 러시아가 크림반도를 주민투표를 통해 합병하고, 4월에는 우크라이나 동부의 도네츠크와 루간스크를 친러 반군들이 장악하기에 이른다. 크림반도는 1956년 흐루시초프에 의해 우크라이나로 넘겨지기 전까지는 러시아 공화국에 속해 있었으며, 현재도 60% 이상의 주민이 러시아계이다. 도네츠크를 비롯한 동부 지역도 러시아 주민들이 많은 편이고 전통적으로 러시아와의 협력을 중요시해온 지역이다.

냉전이 종식된 오늘날 러시아와 유럽은 왜 우크라이나에서 충돌하였을까?

1991년 말 소련이 붕괴된 후 유럽연합은 확장을 계속하여 왔다. 마침내 우크라이나에서 유럽연합과 러시아가 간접적으로 충돌하는 상황에까지 이르게 된 것이다.

1997년에 폴란드, 헝가리, 체코 등이 NATO(북대서양조약기구)에 합류한다. 독일이 통일되는 과정에서 유럽연합은 NATO를 동쪽으로 확장하지 않겠다는 약속을 하였다. 하지만 그러한 약속은 휴지조각이 되어버리고 유럽연합의 회원국 확대와 NATO의 동쪽으로의 확장이 끊임없이, 거침없이 이루어지고 있었다. 러시아는 안보적인 불안감과 유럽연합의 의도에 대한 강한 의구심을 갖고 있었다.

우크라이나 사태 발발 이후 국제 유가는 힘없이 하락하기 시작했다. 미국과 유럽연합 등이 우크라이나 사태의 책임을 물어 러시아에 대한 경제제재를 취하여 러시아의 화폐인 루블화도 폭락하기 시작했다.

달러당 32루블 하던 환율이 2016년 들어서자 80루블을 넘어서기 시작했다. 러시아와 경제공동체를 이루고 있는 카자흐스탄의 텡게화는 달러당 180에서 390으로 급격하게 약화되었다.

러시아는 유럽연합이나 미국의 강력한 반발을 예상하면서도 왜

에너지 시장의 파워게임

크림반도 합병같은 전격적인 조치를 취했을까? 소연방 이후의 유럽정세를 면밀히 살펴온 전문가들에게 이번 사태는 아주 놀랄만한 일은 아니다.

유럽연합은 소련 붕괴 후 러시아와 평화를 위한 파트너쉽(Partnership fo Peace)을 추진해왔다. 그러나 러시아는 유럽연합이 러시아의 손발을 묶는 정책을 간단없이 추구하고 있다는 의구심을 떨쳐낼 수 없었다. 그루지아, 우크라이나, 키르기스탄의 정권교체에도 미국과 유럽연합의 간섭과 영향력 행사가 있었다고 생각하고 있다. 러시아로서는 소련 시절의 동구권 위성 국가들로부터 시작해서 구소련 구성 공화국들에서까지 미국과 유럽의 영향력이 급속히 증대하는데 대해 우려와 감정적인 상처를 입고 있었다.

발화점은 우크라이나였던 것이다. 우크라이나 의회가 야누코비치 대통령의 반대에도 불구하고 유럽연합가입을 위한 협력 협정 서명을 결의한다. 야누코비치 대통령은 자신에 반대하는 시위대에 발포하는 등 무리하게 진압작전을 하다가 급기야는 반대파가 장악한 의회에 의해 탄핵된다. 러시아는 합법적으로 당선된 대통령을 의회가 쿠데타로 축출한 것이라고 비난하면서 우크라이나에 대한 가스공급 등을 중지하겠다고 압박한다.

러시아는 야누코비치가 축출되자 이를 쿠데타라고 간주하고 크림 반도를 합병하기에 이른다. 크림에서 실시된 주민투표에서 압도적인 다수의 러시아계 주민들은 러시아로의 합병에 찬성하였다.

곧이어 동우크라이나의 대표적인 탄광지대인 도네츠크와 루간스크 러시아 주민들이 반군이 되어 우크라이나로부터의 분리독립을 요구하면서 정부군과 무력 충돌을 하게 된다. 미국과 유럽연합은 이에 대한 조치로 러시아에 대한 경제 제재조치를 취한다.

오비이락이라고 할까? 필연이라고 할까? 이러한 일련의 사태 후 루블화는 폭락하기 시작하였다. 그와 동시에 배럴당 100달러가 넘던 유가도 6개월 만에 배럴당 40달러 수준까지 폭락하였다.

미국과 유럽연합이 러시아에 대한 경제적 압박을 가한 결과라는 분석이 나오기 시작했다.

과연 그럴까?

2008년 국제 유가는 배럴당 147달러 수준까지 뛰어 오른후 100달러대에서 횡보하고 있었다. 그런데 2014년 여름부터 왜 갑자기 유가는 폭락하기 시작한 것일까?

그 원인을 살펴보자.

러시아의 행동에 대한 제재를 가하기 위해서 미국과 사우디아라비아가 공동으로 저유가 정책을 취했을 것이라는 의구심이 제기되었다.

우선 국제 정치적인 측면에서 러시아의 힘을 빼기 위한 전략으로 저유가만큼 유용한 것은 없었을 것이다. 러시아 수출의 70% 이상인 에너지 가격이 폭락한다는 것은 러시아의 재정 상태를 극도로 피폐하게 만드는데 유용한 수단이었음에 틀림없다. 실제로 러시아의 신용 등급은 투자적격 이하로 강등되었다. 2015년 5% 이상의 경제 성장률 감소를 기록하게 되었다.

사우디아라비아는 유가 폭락에도 불구하고 OPEC 회의에서 감산 정책을 취하지 않았다. 이번 기회에 이란의 재정 상태를 악화시켜서 핵개발을 하지 못하도록 한다는 분석들이 나왔다.

그러나 시간이 흐르면서 금번 유가 폭락은 국제 정치적 긴장 관계뿐만 아니라 세계 경제의 상황 악화가 더 크게 작용하고 있다는 것이 드러났다.

가장 직접적인 원인은 세계의 생산 공장 중국이 급속한 경제 성장의 한계점에 도달하면서 에너지 수요가 급격히 줄어들기 시작했기 때문이라는 분석이 힘을 얻었다. 중국의 임금이 올라서 더는 저임금을 바탕으로 하는 세계의 공장 역할을 수행할 수 없게 된 것이다. 반면에 BRICs 국가들의 경제 성장은 더디게 진행되어 중국의 뒤를 이을 만한 주자가 떠오르지 못하게 되자 에너지 수요가 상당 기간 축소되는 현상이 나타난 것이다.

중국의 주가 지수는 일제히 폭락하기 시작했다. 중국의 공장들은 문을 닫기 시작했다. 개도국 중에서는 모디 총리가 이끄는 인도가 역동적인 경제성장을 시작하였지만 중국의 자리를 메우기에는 아직 역부족이었다.

에너지 시장의 파워게임

7

사우디아라비아의 저유가 공세

2014년 유가가 곤두박질치기 시작하자 그 원인으로 미국과 사우디아라비아가 러시아를 정치적으로 압박하기 위한 합동작전을 펴고 있다는 분석과는 달리 사우디아라비아가 미국의 셰일 업체들을 도산시키기 위한 전략이라는 분석이 힘을 얻기 시작했다.

실제로 저유가 파도에 수많은 텍사스와 오클라호마 소재 셰일 업체들이 파산하였다. 이들은 기존의 메이저 기업들과는 달리 소규모 자본으로 기술력을 바탕으로 하는 중소기업(independent company로 통칭)들이다.

2016년부터는 이들이 시장에 매물로 내놓은 자산들의 거래가 이루어지기 시작했다. 기존 업체들은 금융비용을 더 이상 감당할 수 없어서 파산하거나 자산을 내다 팔기 시작한 것인데 이를 사들이려는 펀드들도 활발해졌다. 유가나 가스 가격이 바닥에 근접했다는 신호였다.

그러나 이러한 저유가 파도는 사우디와 러시아같은 주요 산유국과 베네수엘라를 집어삼킬 것 같은 기세로 파괴력을 보이기 시작했다.

2016년 2월 저유가의 고통을 견디다 못한 사우디아라비아와 러시아, 카타르, 베네수엘라는 생산량 동결에 합의했다. 사우디와 러시아는 세계 1위, 2위의 산유국이다. 하루 생산량이 각각 1천만 배럴에 육박한다. 전 세계 원유 공급량이 9천 500만 배럴 정도인데, 현재는 공급이 수요를 150만 배럴 정도 초과하고 있는 상황이다.

이 합의는 OPEC 국가들과 비 OPEC 산유국간에 이루어진 최초의 원유 생산에 대한 합의라는 의미가 있다. 이 합의로 2014년부터 전개된 OPEC회원국과 비회원국간의 생산량을 둘러싼 치킨게임이 종식된 것일까?

2016년 4월에는 카타르 도하에서 좀 더 확대된 형태의 회의가 개최되었다. OPEC 13개국과 러시아 등 비회원국 5개국이 자리를 같이하였다. 그러나 이란, 리비아, 브라질 등이 불참하여 합의가 무산되었다. 사우디아라비아의 ARAMCO(사우디아라비아 정부 소유 세계최대 국영석유회사) 최고위원회 의장인 모하메드 빈 살만의장은 이란을 포함한 모든 국가들이 생산량 동결에 합의하지 못하면 사우디의 하루 생산량 10.2백만 배럴을 12.5백만 배럴까지 늘릴 수 있다고 경고하였다. 사우디가 이란의 증산을 강력히 견제하고 있다는 것이 드러났다.

생산량 동결합의는 계속 추진될 것으로 보인다. 그러나 각국의 이해관계 조정은 난항을 거듭할 것으로 보인다.

이러한 생산량 동결 합의 시도는 어떤 의미를 갖는가?

무엇보다 주목받는 것은 러시아의 존재감이다. 그동안 국제 유가를 결정하는데 있어서 러시아의 위상은 주목받지 못했다. 사우디아라비아는 OPEC의 중심 국가로서 13개국의 생산량 조절에 결정적인 영향력을 미칠 수 있다고 여겨졌고 낮은 생산 단가로 생산할 수 있는 상황이어서 러시아가 크게 주목받지 않았었다.

그러나 이제는 러시아처럼 OPEC 비회원국이면서 원유를 생산하는 대부분의 회사를 사실상 정부가 통제할 수 있는 국가의 중요성이 높아진 것이다. 이란도 그런 의미에서 중요한 협상 대상국으로 부상할 것이다.

미국의 경우는 정부가 에너지 회사를 통제할 수 있는 수단이 없기 때문에 생산량을 조절하는 데는 큰 의미가 없다. 앞으로 원유나 가스의 수급을 조절할 필요성이 발생할 때마다 러시아나 이란의 존재가 과거에 비해 커질 것이다.

또 다른 중요한 관전 포인트는 13개 OPEC 회원국들과 비회원국 산유국들이 앞으로 원유 공급을 둘러싼 합의를 이행할 수 있겠느냐가 하는 것이다. 국제 에너지 시장에서 자기의 점유율을 확보하고 영향력도 유지하려는 주요 산유국들의 전략에 도전해오는 국가들이 하나 둘이 아니다. 셰일오일 가스를 언제든지 생산할 수 있는 미국과 경제 제재 해제 이후 본격적으로 원유 생산에 나서고 있는 이란이 가장 큰 변수이다.

이란은 경제 제재로 인한 피폐한 상황에서 벗어나려 하기 때문에 석유 증산이 필수적이다. 현재 하루 290만 배럴을 생산하여 OPEC 중에서 사우디아라비아와 이라크에 이어 3위 생산국이다. 이란의 경제 제재가 본격화된 2010년 이전에는 하루 380만 배럴을 생산하고 있었다. 그 중 250만 배럴을 수출한 바 있다. 2018년까지 580만 배럴 수준으로 늘릴 것이라는 분석도 있다. 아마도 경제 제재를 받기 전의 생산량 수준까지는 큰 어려움없이 증산할 수 있을 것이다.

이란은 석유 매장량에서는 세계4위, 가스는 2위 국가이다. 이란 혁명전 1979년 당시에는 하루 600만 배럴을 생산하던 주요 산유국이었다. 석유 매장량의 반은 아직 개발도 하지 않은 상태이다. 이란은 제5차 경제 사회개발 5개년 계획에 따라 노후 시설 현대화에 400억 달러 이상을 사용할 예정이다.

이란에 대한 경제 제재가 해제되자마자 사우디아라비아와 이란 간에는 커다란 충돌이 생겼다. 사우디아라비아가 시아파 종교 지도자를 전격 처형한 것이다. 이란과 사우디아라비아간의 관계가 단교로 이어진 상황에서 이란이 사우디아라비아와의 오일 생산 감산 공조에 적극적으로 나올지는 회의적이다. 과거에는 중동의 정세 불안이 유가 폭등으로 나타났는데 비해 이제는 유가를 더 떨어뜨리는 현상을 보이고 있다. 게다가 이란 정부는 제재 해제 이후 이란 국민들의 기대감도 충족시켜야 한다.

이란이 경제 제재로 묶여있었던 지난 5년 간 이라크는 하루에 450만 배럴을 생산하여 사우디 다음으로 OPEC 회원국 중 2위의 자리를 차지하고 있다. 사우디도 지난 수년간 이란의 빈자리를 채워왔다. 이란으로서는 적어도 하루 100만 배럴을 더 생산하여 하루에 400만 배럴을 생산하는 수준까지는 무조건 가려할 것이다.

러시아도 우크라이나 사태로 인한 경제제재로 야기된 경제적 어려움을 해소하려면 석유 생산을 줄이기 힘든 입장이다. 그러나 경쟁적인 생산증가는 유가의 전반적이고 지속적인 하락의 결과를 초래하고 있다. 산유국의 재정이 악화되는 것은 물론이고 세계 경제의 위축으로 이어지고 있다.

이러한 국제정세의 변화는 우리 경제에 커다란 충격을 주고 있다. 선박 건설의 수주가 급격하게 줄어들고 있고, 산유국에서 발주하는 플랜트 건설도 줄어들어 조선 산업과 건설업은 심각한 위기에 몰리고 있다.

8

러시아의 우크라이나 가스 공급

냉전의 종식 후 러시아와 유럽연합간의 갈등은 러시아의 우크라이나 통과 가스관에서도 자주 나타났다. 소련 시대부터 드루즈바(우정)라는 이름의 파이프라인으로 우크라이나를 통과해서 오스트리아를 거쳐 유럽으로 러시아산 가스가 수출되었다. 러시아에서 유럽으로 수출되는 천연가스의 50%는 이 파이프라인을 통해서 수송되고 있다. 러시아에서 유럽까지 가장 짧은 거리에 송유관을 설치한 것이었고, 우크라이나도 소련의 한 공화국이었으므로 아무런 문제가 없었다. 다른 하나의 파이프라인은 러시아의 서북부 야말에서 벨라루스를 거쳐 독일로 향한다.

그러나 소련이 붕괴되고 러시아와 우크라이나가 별개의 국가로 독립하면서 양국 간의 갈등이 본격화되었다. 러시아로서는 우크라이나가 국제 가스 가격으로 러시아산 가스를 수입해서 사용하라는 입장을 보였다. 그러나 우크라이나는 소련 시절에는 저렴한 가격으로 공급 받았었는데 갑자기 국제 가격으로 대금을 지불하라는 요구를 받고 저항을 한 것이다. 경제 사정도 어려운데 갑자기 국제 가격으로 가스 수입 대금을 지불하라는 것은 너무 하는 것 아니냐는 것이었다.

우크라이나의 사정은 이해가 되지만 전혀 별개의 국가 간에 이루어지는 가스의 공급과 소비는 국제 가격으로 결재되는 것이 타당했다. 부존 자원이 부족한 우크라이나는 독립 후 경제사정의 악화로 어려움을 겪게 되었고 가스 수입 대금을 자주 연체하게 되었다. 러시아는 한 겨울에 대금 미지불을 이유로 우크라이나에 대한 가스 공급을 중단하겠다는 최후통첩을 하기에 이르렀다. 2006년과 2009년 그리고 2014년 3차례에 걸쳐 러시아는 우크라이나에 대한 가스 공급을 중단한 바 있다. 유럽연합은 러시아의 이러한 조치가 비인간적이라고 비난했지만 해결책을 제시하지는 못하였다.

러시아뿐만 아니라 우크라이나의 집권자들도 러시아와의 가스관 갈등 문제를 수시로 정치적으로 이용했다. 게다가 유럽연합은

에너지 시장의 파워게임

러시아 정부가 유럽에 수출하는 가스 가격과 국내에 공급하는 가스 가격의 격차를 줄이라고 줄기차게 요구하였다. 러시아로서는 국제 가격으로 우크라이나에도 가스를 공급하고 유럽연합 국가들에게도 가스를 수출하는 것이 타당한 일이었다. 그럼에도 불구하고 우크라이나가 가스 대금을 지불하지 않고 러시아가 가스 공급을 중단한다고 할 때마다 러시아는 비난을 받게 되었다. 러시아로서는 참 기가 막힌 노릇이 아닐 수 없는 것이었다.

급기야 푸틴대통령은 독일 슈뢰더 총리와 우크라이나를 우회하는 노르드스트림(러시아 북쪽 핀란드와 접경지역인 브이보르그에서 북해를 거쳐 독일로 연결된 가스 파이프라인)을 건설하게 되었다. 러시아로서도 유럽으로의 수출을 가로막는 우크라이나의 방해를 회피하기 위한 대책을 마련한 것이다.

우크라이나가 러시아로부터 공급받고 있는 가스의 밸브를 어느 날 갑자기 닫아버릴 수 있을까? 우크라이나가 러시아보다 더 싼값으로 다른 나라에서 가스를 도입하기는 어렵다. 게다가 러시아가 우크라이나를 경유해서 유럽에 가스를 수출하면서 주는 통과료도 포기해야 한다.

그렇게 되면 무엇보다도 우크라이나 사람들은 추운 겨울날 아파트 온도를 떨어트리고 두꺼운 옷을 껴입고 살아야 한다. 유럽연합의 실사단이 겨울에 우크라이나 가정을 방문해보고 실내 온도가 너무 높은데 놀랐다는 일화가 있다. 소련시절부터 겨울철에 아파트는 숨을 쉬기 어려울 정도로 높은 온도를 유지하는 것이 오랜 관행이 되어버린 것이다.

9

러시아의 대외정책 변화

우크라이나 사태는 살얼음판 같던 러시아와 유럽연합과의 관계에 결정적인 균열을 가져왔다.

유럽연합은 러시아로부터 받던 에너지자원 공급을 대폭 줄여나가면서 대체 공급처를 확보해 나가기 시작했다. 유럽의 수출로에 집중되어 있던 러시아의 석유, 가스 수출 통로에도 커다란 변화가 발생하기 시작했다.

유럽연합의 러시아에 대한 경제제재와 그에 따른 비우호적인 정책에 대응하여 러시아는 중국에 대한 대규모 가스공급 계약을 체결하였다. 2019년부터 러시아는 중국에 대해 매년 40bcm의 천연가스를 공급하기로 계약을 체결하였다. 그렇다면 이러한 계약은 갑자기 체결된 것일까?

10여년을 거슬러 올라가보자.

영국의 BP와 러시아의 TNK라는 회사는 2000초반부터 바이칼호 인근의 코빅틴스크라는 대형 가스전 개발 사업을 추진하였다. 그들은 BP-TNK라는 합작회사를 만들기도 했다. 이 회사는 가스전을 개발하여 중국과 한국에 판매하려 하였다. 수출량의 60% 이상을 중국이 수입하고 우리나라는 약 30%를 수입한다는 계획이었다. 파이프라인을 건설하여 중국의 동북3성 지역을 관통하여 북경을 거쳐 서해안을 건너 평택항까지 연결되는 계획이었다. 그러나 이 계획은 중국이 국제가격에 훨씬 못 미치는 가격을 고수하여 결국 무산되었다. 이러한 계획이 무산된 지 10여년이 지나서 러시아의 중국에 대한 가스 공급 계약이 전격적으로 체결된 것이다.

모스크바에서 북경까지 고속철도사업도 추진된다고 한다.

또한 러시아는 우크라이나를 통한 대유럽 가스 판매를 포기하고 그동안 추진되어온 사우스스트림(흑해에서 불가리아를 통해 남유럽으로 연결)이라는 가스 파이프라인 대신 흑해에서 바로 터키로 연결되는 파이프 라인 건설을 추진중이다. 유럽연합 국가의 통제가 가능한 노선을 최대한 줄여나가겠다는 전략이다.

러시아는 우크라이나 사태를 계기로 상하이 협력기구 회원국가 간의 경제안보 협력을 강화해나가기 시작하였다. 러시아와 중국 그리고 중앙아시아국가, 몽골로 구성되어있던 이 기구에 2015년에는 인도가 정식 가입한다. 소련과 인도는 냉전시대에 루블-루피동맹이 있을 정도로 긴밀한 경제 협력 관계를 유지했던 국가이다. 러시아, 중국, 인도의 인구는 30억 명 수준이다. 하루 아침에 경제 동맹으로 변화하지는 않겠지만 이 3개국의 경제협력, 안보협력 강화는 향후 국제정치 지형에 상당한 변화를 가져올 것으로 보인다. 3개국이 단합하여 다른 국가들과는 배타적인 공동체를 구성하지는 않겠지만 상당한 파장을 가져올 수 있는 움직임이다.

인도와 중국은 우크라이나 사태 관련 미국이나 유럽연합의 대러시아 경제제재에 분명한 반대 입장을 보였다. 시간이 지나면서 독일, 프랑스 등의 유럽 국가들도 제재로 모든 문제를 풀 수는 없다는 입장을 보이기 시작했다.

러시아나 카자흐스탄, 아제르바이잔 등 구소련 소속 국가들은 독립 후 지금까지 유지해온 정책을 근본적으로 바꾸어야 할 상황에 처했다. 에너지 산업 이외의 산업 발전 계획을 수립해야 할 것이다. 앞으로 상당기간 지속될 것으로 보이는 저유가 상황에서 에너지 산업에만 의존해서는 경제를 안정적으로 운영해 나가기 어렵게 되었기 때문이다.

러시아의 경우는 항공우주, 자동차 산업분야에서의 대규모의 R&D가 이루어질 경우, 에너지산업 위주의 단순한 경제구조에서의 탈피가 가능해 보인다. 기초과학 기술의 수준이나 높은 수준의 교육을 받은 기술 인력이 어느 정도 확보되어 있기 때문이다. 그러나 카자흐스탄이나 아제르바이잔은 단기간에 의미 있는 정도의 산업 발전을 이루기에는 제반 여건이 너무 열악한 상황이다.

러시아로서는 우리나라나 중국, 일본 등으로의 에너지 수출 다변화뿐만 아니라 산업 기술 협력을 적극적으로 추진할 가능성이 높다. 대우조선해양이 10척이 넘는 LNG선박의 제조를 러시아로부터 수주받은 것도 이러한 정책의 일부이다.

우리 기업들이 러시아 진출에 많은 관심을 보이고 있는 것도 러시아의 산업수요를 잘 이해하고 있기 때문이다.

10

유럽연합의 대체시장 찾기

우크라이나 사태는 유럽연합 국가들이 러시아 대신 중앙아시아나 중동, 이란 등 새로운 천연가스 공급처를 찾게 하였다. 이에 따라 유럽연합 국가들은 러시아에서 오는 가스 파이프라인 대신 새로운 파이프라인을 건설중이다.

그 첫 번째 프로젝트가 아제르바이잔에서 조지아와 터키를 거쳐 그리스까지 연결되는 TANAP(Trans-Anatiolian gas pipeline) 프로젝트이다. 총 연장 1,804km, 160억m³/년(향후 가스수급에 따라 600억m³/년까지 확대)의 프로젝트이다. 투자 비용 100~110억 달러를 들여 2018년 완성예정이다.

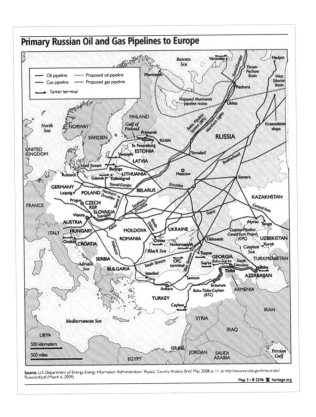

Primary Russian Oil and Gas Pipelines to Europe

Source: U.S. Department of Energy, Energy Information Administration, "Russia," Country Analysis Brief, May 2008, p. 11, at http://www.eia.doe.gov/emeu/cabs/Russia/pdf.pdf (March 6, 2009).

이 프로젝트는 2018년부터 시작되는 아제르바이잔의 대규모 가스전 Shah Deniz 2단계 생산분(160억㎥)을 유럽(100억㎥)과 터키(60억㎥)에 수출하려는 목적이다. 아제르바이잔에서 유럽까지의 가스관을 연결하려는 「Southern Gas Corridor」구상(총 450억 달러 규모)의 일환으로 남코카서스 가스관(Baku-Tbilisi-Erzurum)을 통해 운송된 가스를 그리스로 운송하고, 나아가 아드리아해를 가로지르는 Trans-Adriatic 가스관(TAP) 건설하여 이태리까지 운

에너지 시장의 파워게임

송한다는 복안이다.

이 계획이 완성되면 유럽 연합은 러시아로 부터의 천연가스 도입 물량을 줄이고 카자흐스탄, 투르크메니스탄, 아제르바이잔으로부터 본격적으로 천연가스를 도입하게 된다.

한편 그동안 러시아가 추진해온 사우스스트림(러시아-흑해-세르비아-헝가리-오스트리아)나 터키스트림(러시아남부-흑배-터키-유럽) 프로젝트는 2015년 11월말 터키군의 러시아 전폭기 격추 사건으로 보류되고 있다.

우크라이나 사태와 러시아-터키간의 갈등구조 출현은 러시아의 유럽시장에 대한 천연가스 수출에 막대한 장애물을 만들었다. 에너지 가격의 전반적인 하락은 유럽 국가들이 자기 입맛에 맞는 새로운 파트너를 골라잡을 수 있는 기회를 제공하였다.

11

자원을 넘어 산업화로

소련 공산 정권은 1991년 말 사라졌다. 폐쇄 체제 속에서 기술 혁신은 없었다. 동구권의 맹주라는 지위는 국부의 낭비를 초래하였다. 소련을 따랐던 위성 국가나 아프리카, 아랍의 사회주의 국가 중에 보란 듯이 경제 성장을 하면서 국제무대에 스타로 떠오른 국가는 없었다.

1998년에는 시장 경제의 싹이 발아하기도 전에 지불 불능 상태에 빠져서 IMF의 구제 금융을 받았다. 민주주의와 시장 경제로의 이행에 결정적 장애물이 생겼고 정국은 혼미에 빠졌다.

그러나 2000년부터 러시아에게는 세계적인 고유가라는 초유의 선물이 또다시 주어졌다. 그러나 러시아는 석유와 천연가스를 수출해서 손에 쥔 거금을 산업입국에 효과적으로 활용하는 데는 실패하였다. 노르웨이처럼 미래 세대를 걱정하고 안정적인 국가경제 운영을 위하여 국제유가와의 직접적 연동을 차단하려는 전략은 없었다. 2008년 글로벌 금융 위기로 서방 대부 업체들에게 호되게 당하고 자본주의의 쓴 맛을 실감하였다.

이때까지도 러시아는 자기 힘으로 석유, 가스를 더 많이 생산해서 팔면 끄떡없이 버텨나갈 수 있다고 믿은 것 같다. 그런데 미국발 셰일오일, 가스 붐은 에너지 수급시장의 판도를 뒤집어 놓았다. 이제는 공급자 중심의 시장 상황이 종료된 것이다. 이제는 유력한 수요자를 확보하는 것이 중요해졌다. 자원개발 분야에서의 신속한 기술개발이 중요한 요소로 등장하였다.

더구나 우크라이나 사태 이후 2014년 6월부터 시작된 유가 대폭락 현상은 러시아에게는 커다란 충격이 되었다.

그런데 러시아 내부에서는 흥미로운 화두가 떠올랐다.

이번 기회에 외국에서 수입하던 소비재를 국내 생산으로 바꾸어 나가자는 것이었다. 러시아는 기초 과학 분야에서의 강점을 갖고 있는 국가이다. 노벨상 수상자를 다량 배출하기도 했다. 영재고 등학교도 있고, 25세면 이학박사를 배출할 수 있는 시스템도 갖춘

나라이다.

이제 그들에게 과제가 주어졌다. 시간이 걸리더라도 과학입국, 산업입국의 길을 가보자는 것이다. 러시아에 수입 대체 산업 육성이라는 개념이 등장하였다. 1970년대를 연상하는 낡은 개념이긴 하나 러시아에게는 필요한 일이다. 오일과 가스 수출한 돈으로 저가 유럽식품을 사먹는 국가라는 오명을 벗어나려는 노력이다.

한 단계 더 나아가 러시아가 장점을 갖고 있는 항공 우주산업과 그에서 파생하는 광학 산업 등에서 연구개발 투자가 이루어진다면 10년 내에 러시아는 세계 시장에서 새로운 강자로 떠오를 지도 모른다.

유럽 연합과 미국의 러시아에 대한 경제 제재 상황이 러시아에게 산업 발전 전략을 세울 새로운 기회를 주고 있는 것이다. 1991년 사회주의 계획 경제에서 시장 경제로의 전환을 시도한 이래 러시아 사회 전반에 퍼져있는 한탕주의와 부패 구조를 일소할 수 있는 기회가 될 수 있다.

지금 상태로 유럽이나 미국 그리고 중국기업과 경쟁하더라도 러시아 기업은 별로 경쟁력이 없다. 세계화로 형성된 국제 경제라는 판은 누구에게도 특혜를 주지 않는다. 끊임없는 R&D 투자와 첨단 경영 기법으로 무장하지 않고 어설픈 민족주의에 기대어 시장을 두

드리는 기업들은 백전백패이다.

러시아 소비자들도 이제는 그런 감정에 기초해서 생필품을 사지는 않을 것이다. 이왕이면 다홍치마라는 정도의 정서는 있겠지만 그 이상은 아닐 것이다. 자신의 가처분 소득으로 사고 싶은 물건이 너무 많은데 국가를 위해서 품질 나쁘고 비싼 제품을 살 리가 없다. 러시아 시장이 열리면서 초기에는 저가의 질 낮은 유럽 제품들이 높은 가격에 날개 돋친 듯이 팔렸다. 그러나 이제는 수많은 제품들이 러시아 시장에 진출하면서 치열한 경쟁이 벌어지고 왜곡된 수급 상황도 대부분 해소되었다.

가격이 정상화되고 소비자의 입맛도 날카로워진 것이다. 러시아 기업인들이 대충 만든 제품을 시장에서 이익을 남기고 팔 수 있는 방법은 없어 보인다. 러시아 자체가 연구 개발을 해서 기술 혁신을 이루던지 선진 기술을 돈 내고 사오는 수밖에 없다. 기적도 없고 막연한 기대감도 실현되기 힘든 시장이 되었다.

이러한 러시아 상황은 러시아 기업들이 진정한 기술 개발을 이룰 수 있는 조건을 형성해주고 있는 것이다.

시간이 지나가면 유럽연합 국가들이나 미국도 러시아를 국제 정치, 경제 부분에서 완전 고립시키는 것보다는 경제협력을 강화하는 방향으로 나아갈 것이다. 침체에 빠져있는 유럽 경제에 러시아

만큼 매력있는 구매자를 찾기도 쉽지 않다. 러시아와 유럽 간의 경제 협력은 서로 의심의 눈초리는 거두지 않은 채 서서히 복원되어 갈 것이다.

특히 2016년 6월 영국의 유럽연합탈퇴(브렉시트) 국민투표의 통과는 유럽연합이 나아가야 할 방향에 대해 다시 한 번 생각해 보는 계기를 주었다. 1990년대 석학들이 제시했던 러시아를 포함한 더 큰 유럽(Greater Europe)을 지향해 나갈지가 관전 포인트다. 서유럽국가들이 냉전적 프레임에서 빠져나와 배타적인 유럽연합이 아니라 러시아와 구소련 공화국들을 포함하는 더 큰 시장을 만들어 낼 지 지켜볼 일이다.

에너지 시장의 파워게임

12

자원공급의 전략적 우위를 유지하려는 러시아

2006년 러시아는 바이칼호 인근의 코빅틴스크 가스전 개발 사업의 중단을 선언했다. 주요 수입파트너였던 중국과의 협상 중단은 아직 칼자루를 러시아가 쥐고 있음을 알리는 의미가 있었다. 동북아시아와 시베리아에서 자원을 공급하는 사업에서 러시아가 절대적인 유리한 입장에 있음을 알리는 것이기도 했다

그 후 10여 년이 지나고 세계 에너지 시장의 판도가 공급자 우위 시장에서 수요자 시장으로 급속히 변화하고 있다. 불과 10년 전에는 상상하기 어려웠던 에너지 수급을 둘러싼 격렬한 살바 싸움이 일어나고 있다.

10년 전에는 에너지를 사려는 나라나 기업이 웃돈을 싸갖고 다니면서 구걸을 했을 정도인데 이제는 에너지를 수출하려는 기업이나 국가가 좋은 파트너를 만나서 사달라고 설득을 해야 할 상황으로 바뀌어가고 있다.

우크라이나 사태 이후 러시아가 중국에 대한 대규모 천연가스 공급 계약을 성사시킨 것은 이러한 국제 에너지 시장의 판도 변화가 반영된 것이다.

러시아는 원유나 가스를 채굴하고 가공하여 수출하는 방식과 기술의 대폭적인 향상을 추진해야 할 입장이다. 경제 제재 국면의 지속으로 이러한 투자가 수 년간 지연되고 주요 수출 대상국이었던 유럽 국가들을 잃게 된다면 심각한 경제적 어려움을 겪게 될 것이다. 중국이나 우리 나라와의 협력이 순조롭게 이루어진다고 하더라도 수출 대상국의 축소는 러시아 에너지 기업의 협상력에 결정적인 제한을 가하게 될 것이다.

국제 에너지 시장이 독점적이고 폐쇄적 구조에서 개방적이고 투명해지면서 시의적절한 R&D를 통해 기술력 향상과 능률적인 공급시스템을 구축하지 못하면 주요 플레이어 그룹에서 멀어져 갈 수 있다.

에너지 수출에 재정을 과도하게 의존하고 있는 러시아로서는 이러한 상황이 되면 손쉽게 경제적 악순환 구조에서 탈출할 방법을 찾기 어려울 것이다. 이러한 문제는 러시아에만 국한된 것은 아니다.

중동의 주요 수출국이나 베네수엘라 등 제3국도 같은 처지에 직면해 있다. 사우디아라비아도 또다시 산업 다변화 계획을 발표했다.

미국의 경우 텍사스를 비롯한 루이지애나, 오클라호마 등에 소재한 메이저 에너지 기업이나 중소규모 기업들이 대규모 직원 해고를 단행하고 있다. 2015년 한 해 동안 에너지 분야에서 해고된 노동자가 30만 명이 넘는다. 재정적 압박에서 벗어나려는 노력과 함께 고비용 구조를 정리해서 능률적인 시스템을 구축하려는 시도를 하고 있는 것이다. 미국 기업들이 이러한 과정을 거쳐 재무장하고 등장할 동안 전통적 산유국들이 팔짱끼고 유가반등만을 기다리고 있다면 앞으로 수년 후의 국제에너지 시장에서의 주도권을 누가 쥘지는 명약관화한 것이다.

석유나 가스를 생산하는 국가들은 가장 유리한 조건으로 판매할 수 있는 인근 국가들을 파트너로 확보해야 한다. 앞으로 에너지 수급의 통로는 지리적인 근접이 제일 중요한 조건이 될 것으로 보인다. 러시아에게는 우리나라, 중국, 일본이 가장 중요한 수출 대상 국가이다. 광활한 시베리아 지역에 파이프라인을 건설하여 석유나 가스를 공급하려면 동북아 3개국이 적극적으로 이를 수입하여 사용하여 준다는 전제조건이 충족되어야 한다.

그러나 동북아시아도 러시아의 확보된 시장으로 보기 어렵다. 미국이 에너지 수출을 시작하면서 동북아시아 에너지 시장에도 본격적으로 진출하려 할 것이기 때문에 치열한 경쟁이 예상된다.

러시아는 우리나라나 중국, 일본 등 에너지를 많이 소비하는 시장에 지리적으로 근접해있고 파이프라인을 통해서 공급할 수 있다는 절대적인 전략적 우위에 서있다.

그러나 2016년의 미국의 에너지 자원수출 허용과 파나마 운하의 확장공사 완성은 이러한 전략적 우위를 현저하게 약화시키고 있다. 이제는 파트너 국가들과 상호 윈윈이 될 수 있는 협상을 신속하게 진행하고 파이프라인 등 인프라 구축에 박차를 가해야 할 때이다.

13

이란 핵협상 타결

2015년 7월 12일 이란 핵협상이 타결되었다. 가뜩이나 유가 하락으로 고통 받던 미국의 자원 개발 업계에는 또다른 악재가 떠오른 것이다. 이란이 경제 제재에서 벗어나 본격적으로 원유를 수출하면 공급 과잉은 불 보듯 뻔한 일이다.

물론 이란이 OPEC 회원국인만큼 일정한 제한이 가해질 수는 있겠지만 이란은 경제 제재를 받기 이전의 생산량과 수출량을 빠른 기간 내에 되찾겠다는 정책을 추진중이다.

미국 정부는 이란과의 협상이 타결되면 원유 공급이 더 늘어나고 유가는 더 떨어질 수 있다는 계산을 하지 않았을까? 또 이 협상에 협조적 입장을 취한 푸틴은 어떤 생각을 했을까?

이란이 본격적으로 자국산 원유를 수출하기 시작하였다. OPEC 국가들은 이란이 다른 회원국처럼 석유 생산량을 동결해주길 기대하지만 이란의 사정은 절박하다. 오랫동안의 경제 제재로 궁핍해질 대로 궁핍해진 국민들의 민생고를 풀어주기 위해서 증산은 피할 수 없는 일이다. 가뜩이나 우크라이나 사태로 폭락한 유가 때문에 전전긍긍해온 산유국들은 또 한 번 충격을 받고 있다.

결국은 공급 국가가 더 늘어난 것이다. 이제 석유는 제한된 자원이 아니라 보편적인 상품이 되어 어디서나 구할 수 있는 평범한 상품이 되어가고 있다. 점점 더 치열해질 경쟁환경에서 석유 공급 업체들은 기술 혁신과 제반 비용을 줄여보려고 안간힘을 쓰고 있다. 휴스턴에 위치한 메이저 회사들은 시추 시설을 수주한 우리 조선업계와 자주 만나서 비용 절감 방안을 찾는데 골몰한다고 한다. 발주자나 시공자나 그래야 경쟁력을 유지하고 생존에 성공할 수 있기 때문이다.

미국 에너지 업계의 반응은 생각보다 차분했다. 이란 핵 협상은 미국의 대중동 정책의 근간으로 이미 오래 전부터 예상되어 온 것이다. 그리고 미국의 메이저 기업들이 이란에서도 사업의 기회가 생길 것이기 때문에 전적으로 불리한 상황만은 아니라는 것이다.

에너지 시장의 파워게임

또한 중동 지역의 정세 안정은 중앙아시아나 아제르바이잔 등의 사업장에서도 안정을 찾게 되는 중요한 계기가 된다.

자원 개발 사업을 하는데 있어서 정세 불안만큼 기업들에게 커다란 손실을 초래할 수 있는 것이 있을까? 막대한 투자가 이루어진 후에 사업장이 갑자기 폐쇄되어 오도가도 못하는 상황이 가장 어려운 것이다. 우리 기업들이 리비아 내전으로 철수한 후 수 년 동안 사업장으로 다시 돌아가지 못함으로써 입은 손해는 실로 막대한 것이다. 해외에서 추진되는 자원 개발 프로젝트나 건설 프로젝트에서는 정치적 위험성과 변수를 면밀하게 분석하고 계산하는 것이 무엇보다도 중요하다.

사우디아라비아는 이란 핵협상 타결에 깊은 우려를 갖고 있다. 이란에 대한 경제 제재가 해제되어 이란이 본격적으로 석유 생산에 나서면 유가 회복에 커다란 장애가 발생하기 때문이다. 또 다른 측면에서 이란이 경제력을 회복하는 것은 경쟁국인 사우디아라비아의 안보 우려의 증가를 뜻하기 때문이다.

국제 에너지 시장에 이란이 돌아온 것은 미국의 셰일 생산만큼 파괴력이 있는 것이다. 시아파 이란은 수니파 사우디아라비아와의 경쟁과 대결에 본격적으로 나서고 있다. 이란과 사우디아라비아 간의 경쟁은 앞으로 IS 문제 해결을 비롯한 중동과 아프리카 정세에 강력한 영향을 미칠 것이다. 원유 생산량을 동결하거나 줄이는 합의가 쉽지 않을 것임을 예고하고 있다.

⑭

뉴 노멀(New Normal): 글로벌 테러의 시대

2015년 10월 31일 이집트의 홍해 휴양지 샤름엘셰이크를 떠나 시나이 반도 상공을 날던 러시아의 코갈림아비아 항공소속 에어버스 A-321기가 추락하였다.

2015년 11월 13일, 금요일 파리 시내 11구에 위치한 바타클랑 공연장에서 IS 테러리스트들은 미국 록밴드 공연에 열광하던 관객들을 향해 총기를 무차별 난사하여 100여명을 살해하였다. 같은 날 프랑스와 독일간의 축구경기가 열리던 스타드 드 프랑스 경기장과 레스토랑 등 6개 장소에서 동시다발 테러가 발생하였다.

이 두 개의 사건으로 러시아와 프랑스는 시리아와 이라크에 둥지를 틀고 국제 테러를 감행해온 IS에 대한 대규모 공세에 나섰다.

이 와중에 터키가 시리아와 터키 국경을 날던 SU-24 전투기를 격추시키는 사건이 발생하였다. 러시아는 즉각 터키에 대한 전면적인 경제 제재에 나섰다. 러시아에서 일하는 20만 터키 노동자를 추방하고, 러시아인들의 터키 관광을 금지시켰다.

NATO에 속한 터키의 러시아에 대한 공격은 우크라이나의 유럽연합 가입만큼이나 러시아에게는 참을 수 없는 모욕이고 도전으로 받아들여졌다. 국제 정세는 일촉즉발의 상황으로 숨가쁘게 휩쓸려 들어가고 있었다.

2015년 12월 미국 캘리포니아 샌 베르나디노 테러 사건, 2016년 플로리다 올랜도 테러 사건은 미국 대선전에 불을 붙였다. 공화당 트럼프 후보가 멕시코와의 국경선에 높은 담을 쌓고 그 비용은 멕시코 정부가 부담하도록 해야 한다는 주장과 당분간 무슬림 이민자들의 수용을 중지해야 한다는 주장이 황당하다는 차원에서 일부 유권자들의 정서에 어필하는 방향으로 바뀌어가고 있다. 프란치스코 교황은 이를 가리켜 '작은 3차 세계대전'이라 하였다.

보이는 적과 싸웠던 두 차례의 세계대전. 보이지 않는 적과 싸우는 3차 대전의 그림자가 전 세계에 짙게 드리워져있다. 반복되는 테러 사태는 모든 사람에게 정신적 트라우마를 주었다.

상황이 이렇게 전개되었으면 국제 유가는 폭등하는 것이 맞다. 그러나 이상하게도 국제 유가는 꼼짝도 하지 않았다. 중동 발 국제 정세 변화도 글로벌 저유가 현상에 아무런 영향을 주지 못했다. 오히려 글로벌 테러 시대는 그렇지 않아도 중국발 수요격감으로 잔뜩 위축되어 있는 전 세계 소비를 더욱 위축시킬 수 있다는 비관론을 불러왔다.

이러한 현상을 분석해보면 사람들에게 가장 커다란 영향을 미치는 것은 국제 정치적 커다란 사건보다도 그동안 상정해 온 세계 경제의 흐름에 대한 불신인 것 같다.

이제는 경기 순환론도 믿지 않는 것 같다. 세계화 현상으로 서로 얽히고 설킨 세계 경제 시스템이 붕괴할지 모른다는 불안감이 엄습해 오는 것 같다. 세계 경제 속에 승자가 잘 보이지 않는다. 막강한 기술력을 갖춘 미국, 독일, 일본도 풍부한 내수 시장과 값싼 노동력으로 무장한 중국도 힘겨운 시간을 맞이하고 있다.

이러한 상황에서 영국이 유럽연합을 탈퇴하는 브렉시트 국민투표가 통과되었다. 경제적인 이유부터 반 이민 정책을 찬성하는 원인까지 합쳐진 결과였다. 영국처럼 유럽연합을 빠져 나가려는 제2, 제3의 국가들이 있을 것이라는 분석이 나오고 있다.

그리스로부터 시작된 유럽연합의 모순이 하나 둘씩 터져 나오고 있다. 유럽연합의 정체성과 단합력에 대한 가장 큰 시험은 시리아를 비롯한 분쟁지역으로부터 끊임없이 유럽으로 밀려드는 난민 수용문제이다. 난민의 국내적 수용의 어려움이 자생적 테러로 연결되는 현상이 두드러지면서 유럽 국가들의 고민은 깊어가고 있다.

2016년 미국 대통령 선거전에서는 테러리즘과의 전쟁, 그에 따른 새로운 이민정책이 핵심 이슈로 떠올랐다. IS를 격퇴하여야 한다는 데는 대체로 의견이 일치하지만 IS가 제압된다 하더라도 중동의 패권을 장악하려는 시아파 이란에 대한 정책에 이르면 분명한 대안을 제시하는 후보는 많지 않았다. 중동은 1천년이 넘도록 혼란의 연속이었다고 평가하는 비관론부터 IS같은 극단 이슬람주의자들을 격퇴하면 글로벌 테러리즘은 통제할 수 있다는 견해까지 다양한 의견이 제시되었다.

91년의 제1차 걸프전 그리고 2011년 9.11 사태이후의 제2차 걸프전은 이미 중동에서 끊임없이 생성과 소멸을 반복하면서도 끈질긴 생명력을 보이고 있는 이슬람 극단주의에 대한 대책의 한계를 보여준 바 있다.

아마도 대부분의 중동 전문가들이나 정책 입안자들은 이란이 급부상하여 이스라엘을 위협하고 중동 정세 불안을 야기하는 것을 제일 우려하는 것 같다. 시아파와 수니파가 평화 공존까지 가지는 않더라도 적어도 세력 균형을 이루어 불안하지만 정세 안정이 확보되기를 바라는 것 같다.

　그러나 중동의 정세는 이러한 소박한 바람을 비웃기라도 하듯이 극단주의자들이 득세하는 양상이다. 앞으로도 오랜 기간 동안 중동 걸프 지역은 국제정치의 가장 큰 불안정 지역으로 남아있을 것이다.

제3부

에너지 시장의 새로운 강자, 미국

1

미국 대통령 선거와 저유가

2016년, 미국은 본격적인 대통령선거 국면에 접어들었다.

2월에 WTI 가격은 26달러를 기록하며 에너지 개발 회사들을 공포의 분위기로 몰아 넣었다. 대량 해고가 이루어졌으며, 30만 명 이상이 일자리에서 쫓겨나 집을 팔고 다른 지역으로 이주했다. 아무도 유가가 반등하리라는 예상을 하지 못했다.

대통령 선거가 눈앞에 있다. 대선 후보들의 국제정치 이슈에 대한 강력한 메시지는 에너지 시장에도 영향을 미치기 시작했다. 공화당 후보가 당선되어 오바마 대통령의 이란 핵협상결과를 무효화시키면 어떤 일이 발생할까? 이란의 석유 수출은 또다시 중지되고 유가가 폭등할 것인가?

공화당 후보가 대통령에 당선되면 IS 근거지와 점령지에 대한 융단 폭격을 즉시 감행할까? 중동지역은 시아파와 수니파 국가 간의 극단적 대결 시대를 맞이하고 석유공급이 급감하면서 유가가 반등할 것인가?

미국과 유럽연합이 러시아에 대한 경제제재를 풀기는 커녕 강화해 나가면 러시아의 자원 수출은 어려워지고 공급이 축소되면서 유가가 반등하는 계기가 올 것인가? 이럴 경우 석유와 가스의 국제가격이 본격적인 상승은 하지 않더라도 배럴당 60달러 이상을 유지하면서 안정이 찾아오지 않을까? 그러나 러시아에 많은 기업인들이 진출하여 활동했던 독일과 프랑스는 경제제재로 인해 자국 기업들이 입고 있는 손실을 최소화하기 위해 러시아에 대한 경제제재 해제를 거론하고 있다.

미국 대선전에서 유가하락에 대한 대책은 들리지 않는다.

유가의 하락은 미국 기업들과 국민들에게 커다란 선물인 것이 분명하다. 에너지 업계에서 대규모의 노동자 해고가 이루어지고 기업의 투자가 중단되는 상황이지만 저유가는 미국 경제 전반에는 분명히 긍정적인 요소이다.

대통령 선거의 후보 토론에서 프래킹에 대한 우려의 소리가 심심치 않게 들린다. 프래킹이 자연 환경을 파괴할 수 있다는 것이다. 이러한 목소리는 민주당 후보들 사이에서 강하다. 힐러리 클린턴 후보는 프래킹에 사용되고 있는 화학물질이 지하수를 오염시키는지를 좀 더 면밀하게 분석해보아야 한다고 주장한다. 버니 샌더스 후보는 프래킹 자체를 금지시키겠다고 한다. 이러한 토론과 별도로 또 다른 우려가 제기되고 있다. 소위 인공 지진가능성의 위험성이 증가하고 있다는 것이다. 최근 셰일가스의 개발이 활발한 오클라호마와 텍사스 지역에서 지진의 발생 빈도가 점점 증가하고 있다는 분석이다.

이것이 사실이라면 우려할 일이다. 그러나 아직은 그냥 자연 현상일 뿐이라는 의견도 팽팽하다.

휴스턴 소재 라이스대학 베이커연구소의 수압파쇄 금지 정책 도입이 미국 석유가스 생산에 미치는 영향이라는 보고서를 살펴보자.

민주당의 두 대선 후보들은 경선 과정에서 비전통적인 방식의 셰일 개발과 관련하여 경쟁적으로 부정적인 입장을 피력하고 있는데, 구체적으로 버니 샌더스 상원의원은 대통령 행정 명령을 통한 전면적인 수압 파쇄의 금지를, 힐러리 클린턴 전 국무장관은 입법을 통해 지금보다 훨씬 강화된 수압파쇄 규제를 채택하여 실질적으로 셰일 개발을 중단시킬 방침임을 공언하고 있다.

특히 버니 샌더스 상원의원의 경우에는 해양 유전 개발의 금지까지 천명하고 있어, 비록 선명성 경쟁을 위한 다소간의 과장이 있다고는 하지만 휴스턴의 석유가스 업계는 민주당의 유력 대선 후보들의 반 산업 입장에 우려를 갖고 있다. 물론, 두 대선 후보 중 누가 대통령이 되더라도 수압파쇄 금지정책을 실제 도입하는 것은 쉽지 않은 문제일 것이다. 상원과 하원, 민주당과 공화당을 가리지 않고 많은 의원들이 셰일 혁명이 자신들의 지역구에 가져온 경제 활성화 효과를 잘 알고 있으며, 오바마 대통령도 2015년 의회 합동연설에서 국내 천연가스 생산 증가가 미국 경제와 에너지 안보에 긍정적이라고 언급한 바 있다.

이와 관련하여 지난 3월말 휴스턴 라이스대의 메드록 교수는 수압파쇄 금지정책을 도입하기 위해서는 상당한 경제적 그리고 안보 측면에서의 비용을 치러야 한다는 것은 분명한 사실인 것으로 보인다는 견해를 보이고 있다.

2008년 이른바 '셰일 혁명'이 시작된 이후 미국의 원유와 천연가스 생산량은 급증하였는 바, 이는 미국 경제와 오바마 행정부에 긍정적 영향을 미쳤다. 미국의 원유와 천연가스 생산 증가는 각종 국제적 제재조치와 내부 분쟁 등으로 인한 국제 시장에서의 공급 감소분을 충분히 상쇄하였으며, 러시아나 베네수엘라와 같은 산유국들의 헤게모니를 위협하고 미국의 국제정치적 영향력을 신장시켰다.

특히, 2008년 국제 경제 위기 이후 가라앉던 미국 경기를 회복시키는데 공헌하였고, 오바마 행정부는 적극적 규제 도입을 자제하면서 셰일 붐을 촉진하였다. 2008년 이후 미국의 천연가스 생산은 무려 7배나 증가하여 2015년 15조 입방피트에 달하였다.

미국 현물 시장에서의 천연가스 가격은 오바마 대통령 취임전인 2007년 1,000 입방 피트당 9달러에서 2015년 평균 2.62달러로 대폭 하락하였다. 풍부하고 저렴한 천연가스의 공급은 미국 경제와 소비자들에게 다양한 경로로 혜택을 가져왔는데, 일례로 기후 변화 정책 측면에서는 발전에서 석탄의 비중을 줄이고 천연가스의 비중을 늘려 이산화탄소 배출량을 상당 폭 감소시켰다. 천연가스를 원료로 활용한 석유 화학과 관련 제조업의 확장 붐을 불러 일으켜 약 1,000억 달러 규모의 플랜트가 추진중이거나 계획중에 있다. 이는 고임금, 고숙련 일자리를 창출하는 등 거시경제적으로 경기 활성화 효과를 가져 오고 있다.

신규 파이프라인 건설과 LNG 수출 터미널 등 미드스트림 분야에서의 투자도 활발히 이루어지고 있으며, 역시 거시경제 차원에서의 긍정적 효과가 막대하다.

청정에너지인 미국 천연가스의 수출은 러시아의 유럽에 대한 영향력을 견제하는 국제정치적 효과가 있으며, 급증하는 아시아 지역의 수요를 충족시켜 잠재적인 공해물질 배출을 감소시키는 측면도 있다.

만약 수압파쇄 금지정책이 도입된다면 미국의 천연가스 생산량은 금지정책이 없을 경우와 비교해 2030년 한 해 약 9조 입방피트, 30%가 감소할 것이다. 직접적인 규제를 받는 셰일 등 비전통 부문에서의 생산량이 약 20조 입방피트 감소하고, 천연가스 가격 상승으로 혜택을 받는 전통부문과 해양유전에서 약 12조 입방피트가 증가할 것으로 예상된다.

금지정책이 없을 경우 미국 현물시장에서의 천연가스 가격은 유럽시장보다 1,000 입방 피트 당 약 4달러 정도로 낮을 것이다. 하지만 금지정책이 도입될 경우에는 그렇지 않을 경우보다 2020년 약 4불, 2030년 약 6불 정도로 가격이 높아질 것이다. 미국의 소비자들은 2030년 한 해에만 천연가스 소비를 위해 금지정책이 없는 경우보다 약 1,000억 달러를 더 지불해야 할 것이다.

금지정책의 장기적 효과는 더욱 심각할 것이다. 미국의 제조업, 특히 석유 화학 산업은 주요 원료가격이 두 배 이상 상승하면서 심각한 타격을 입을 것이다. 전기와 온수, 난방을 천연가스에 의존하는 가정들도 큰 어려움에 직면할 것이다. 국제적인 영향은 세계 다른 지역에서의 생산 증대로 인해 상쇄되어 미국 국내에 미치는 경제적 효과보다는 작겠지만, 석탄 소비가 촉진되어 국제적인 이산화탄소 배출 절감 노력이 위협받을 수 있다.

미국은 향후 수년 내 에너지 수출국으로 전환될 전망이지만, 수압파쇄 금지 시 90년대 후반에서 2000년대 초반 시기와 같이 대량 LNG 수입국으로 돌아갈 것이다. 미국의 국제정치적 영향력도 감소할 것이고, 러시아와 이란이 천연가스 공급을 지렛대로 국제사회에서의 영향력을 확대할 것이다.

새로운 행정부를 누가 맡게 되던 미국 경제에 커다란 부양효과를 가져온 셰일생산에 과도한 규제를 가하기는 어려울 것이다. 다만 파리 기후변화협약 이행을 위한 친환경 정책이 추진될 것이라는 것은 예상 가능하다.

2

미국의 LNG 수출과 지정학적 우위

2016년은 미국에게는 에너지 수출을 재개하는 의미있는 해가 될 것이다. 미국은 그동안 중동 등에서 LNG를 수입하여 멕시코만에 있는 텍사스, 루이지애나 등에서 이를 재가스화하여 미국 전역에 공급해왔다. 그런데 미국내에서 셰일오일과 가스가 풍부하게 생산됨으로써 이번에는 이러한 가스를 액화하여 외국으로 수출하게 된 것이다.

이러한 미국의 LNG 수출 관련 2개의 중요한 요소가 있다.

하나는 파나마 운하의 확장이다. 운하를 더 넓고 더 깊게 파서 통과 능력을 증가시킨 것이다. 파나마 운하의 확장은 미국과 동아시아간의 물류량 증가에 결정적인 계기가 될 것이다. 운하 확장으로 이제는 폭 49미터, 길이 366미터의 네오 파나맥스(neo-panamax) 급 선박까지 통행이 가능해졌다. 기존에는 폭 32미터, 길이 294미터의 파나맥스급 통과가 최대치였다.

다른 하나는 동북아로의 수출에 있어서 잠정적인 경쟁국인 캐나다에서 해결되지 않고 있는 환경 문제이다. 캐나다의 앨버타주와 브리티시주의 오지에 광범위하게 분포되어있는 원주민(first nations)들이 파이프라인의 통과를 강력하게 반대하고 있다. US Pacific North West LNG project를 추진중인 말레이시아의 Petronas사가 1억 달러의 보상금을 제시했으나 거부된 바 있다.

이러한 문제의 장기화는 캐나다의 수출 시기를 지연시킬 뿐만 아니라 비용 증가로 이어져 미국에 대한 경쟁력을 위협할 수 있다. 이 프로젝트는 캐나다의 태평양 지역에서 처음 승인된 계획인데 총투자 290억 달러로 매년 600만 톤의 LNG를 수출한다는 계획이다. 우리나라는 매년 4천만 톤의 LNG를 수입하고 있다. 일본은 8.5천만 톤을 수입한다.

우리나라는 카타르, 인도네시아, 오만, 말레이시아, 예맨, 러시아 등에서 LNG를 도입해 왔는데 북미지역에서의 도입이 가시화되면 수입선의 다변화로 안정성을 증가시키고 가격 협상력도 증가시킬 수 있을 것이다. 우리 산업계에는 아주 반가운 소식이 될 것이다.

한편 발틱 국가에 주재하는 미국 대사들은 러시아의 에너지에 의존하고 있는 발틱 국가들의 고통 감소를 위해 미국의 이 지역에 대한 에너지 수출을 승인하도록 본국에 건의하고 있다. 미국과 유럽이 대서양을 가로지르는 에너지정책을 공동 개발하여 지정학적 리스크를 감소시키고 미국의 영향력을 확보하자는 것이다.

휴스턴 소재 석유개발 컨설팅회사인 IHS사는 원유 수출 허용으로 미국의 석유 생산은 더욱 경쟁력을 확보할 수 있을 것이라고 전망하고, 아울러 미국의 에너지 외교에서 보다 많은 옵션을 가질 수 있을 것이라고 주장한다. 다만 미국이 국내 에너지 가격의 인상 가능성과 기후변화의 영향을 충분히 고려해야 한다는 의견이다. 셰일 개발에 따른 미국의 풍부한 에너지 확보는 미국에 새로운 리더십 기회를 부여하고 있으며, 에너지는 단순히 에너지만의 문제가 아니고 외교정책과 국방정책, 금융정책과 관련되어 있다고 주장하면서 원유 수출 재개의 필요성을 지지해왔다.

미국 행정부가 아시아에 대한 외교정책을 재조정할 필요가 있다면서 일본과 한국 같은 동맹국들과 '에너지 안보지역'을 건설해야 하며, 이들 국가들에 대한 원유 수출 허용은 미국의 지정학적 영향력을 상당히 높일 수 있는 수단이 될 것이라고 주장한다.

일본의 에너지 전문가도 일본과 대만 등 아시아 국가들은 미국으로부터의 원유 등 에너지 수입에 특히 관심이 많은데, 이는 미국으로부터의 수입선은 호로무즈 해협이나 말라카 해협과 같은 "choke point"가 없는 보다 안전한 루트이기 때문이라 한다. 최근 남중국해에서의 미국과 중국 간의 갈등이 심화되고 있는데 이러한 사건은 동북아의 에너지 안보에도 심각한 위협이 될 수 있다.

호주와 북미 지역의 증가하는 LNG 공급은 국제 LNG 시장 가격에 상당한 인하 압력을 줄 것이다. 특히 러시아 천연가스 공급에 전적으로 의존하고 있는 동유럽 국가들은 도입선의 다양화와 가격 인하에 대한 기대가 크다.

러시아도 미국이나 다른 지역으로부터의 공급증가에 대비, 유럽에 대한 파이프라인을 통한 가스 공급가격을 인하하는 전략으로 대응하고 있다.

미국이나 호주, 카타르 등은 높은 운송비용과 재가스화 설비의 설치비용을 상쇄할 만한 경쟁력을 확보해야 한다. 정치적인 위험성에도 불구하고 공급 가격이 훨씬 높은 가스를 사는 국가나 기업은 없을 것이기 때문이다.

3

에너지의 세계 수도, 휴스턴

휴스턴에 총영사로 부임하고 처음 마주친 것이 world capital of energy라는 표현이다. 휴스턴 사람들은 외부에는 아주 보수적이라고 알려져 있지만 남부 특유의 따뜻한 손님맞이(southern hospitality)를 하는 곳이다. 텍사스는 1973년 석유 수출을 금지하기 전까지는 에너지의 세계 수도로서 명실공히 자리매김을 했던 곳이다. 그러나 아랍권과의 에너지 공급에 관한 신경전이 벌어진 이후 미국정부는 자국 산업을 보호하기 위해 미국에서 생산된 석유를 한 방울도 외국에 팔지 못하도록 하였다.

그래서 서부 텍사스유(WTI)는 국제 원유 가격에 큰 의미를 갖지는 못한다. 실제로 국제적으로 거래되는 원유 가격이 아니기 때문이다. 그런데 두 개의 사건으로 인해 텍사스와 휴스턴이 다시 주목받고 있다.

셰일오일, 가스의 개발과 우크라이나 사태이다. 텍사스 주에는 전통적인 유전, 가스전 뿐만 아니라 비전통적 에너지인 셰일오일, 가스도 광범위하게 생산되고 있다. 텍사스주 정부는 에너지 산업에 지나치게 의존하는 것의 위험성을 인식하여 Texasone이라는 외국인 투자유치 조직을 운영할 만큼 다양한 분야에서의 외국인 투자유치에 심혈을 기울이고 있다.

그러나 누가 뭐라 해도 텍사스는 에너지 산업을 중심으로 경제가 돌아간다. 그리고 이제는 미국 기업들의 국제경쟁력을 든든하게 받쳐주는 값싼 에너지 자원의 공급기지이다.

흥미로운 것은 과거에는 멕시코만에 해외로부터 LNG를 도입하는 기지가 많이 있었는데 이제는 이 시설들을 수출기지로 바꾸는 작업이 한창이다.

우리기업들은 무엇을 하고 있나?

삼성중공업, 현대중공업, 대우조선해양은 심해저 유전 개발을 위한 원유시추시설(Drill Ship, Deepsea Rig), 원유, 가스 생산저장

시설(Platform, FLNG, FPSO) 등 해양플랜트의 수주와 엔지니어링 기술 향상을 위해서 각고의 노력을 경주하고 있다.

깊이가 수천 미터가 넘는 바닷속의 유전을 시추하거나 유전발견 후 석유, 가스를 생산하기 위해서는 바다에 떠있는 부유식 원유, 가스 시추시설과 생산, 저장 시설을 필요로 한다. 한국에서는 주로 조선소 계통에서 이러한 시설들을 통칭하여 해양플랜트라고 하고, 이러한 설비를 건조하고 생산하는 것을 통칭하여 해양플랜트 산업이라고 한다. 즉, 해양에서 석유탐사, 석유생산 또는 해양에서 에너지를 얻기 위한 풍력발전, 태양광 발전 등의 시설들을 해양플랜트라고 한다.

해양에서는 이런 시추 시설(Drill Ship, Deepsea Rig)을 이용하여 심해저를 탐사하여 원유를 발견하게 되면, 2차적으로 생산시설(FLNG, FPSO, Platform)을 별도로 다시 설치하여 생산하게 된다. 심해저 시추시설(Drill Ship, Deepsea Rig)의 건조나, 생산된 원유나 가스에서 불순물과 황 성분들을 제거하고 이를 보관하거나 이송을 위한 생산시설의 건조는 고도의 기술이 필요하다. 이러한 시설들은 주로 조선소에서 건조하게 되는데, 우리나라 조선사들은 이러한 건조기술 중 엔지니어링 분야에서 프랑스, 영국, 노르웨이 등에 한참 뒤져있는 상황이다.

이러한 상황을 극복하기 위해서 외국인이나 한국 기술자들 중에서 리드 엔지니어들을 헤드헌팅하여 기술 격차를 좁히는데 힘을 쏟고 있다. 시추 시설의 하부구조(Hull, 선체와 엔진)는 잘 만들지만 상부의 시설(Topside, 시추설비, 생산설비)은 고차원적인 고급 기계설비가 필요하여 상당히 높은 수준의 기술을 요한다. 따라서 이러한 분야는 부가가치가 훨씬 크지만 기술 발전 없이는 커다란 부가가치를 창출하기 어려운 형편이다.

여기서 한 가지 뒤돌아보아야 할 일이 있다. 1969년 노르웨이는 북해유전을 발견한다. 그러나 노르웨이는 해상유전을 개발해 본 경험이 없어서 축적된 기술이 없었고, 외국 기술을 들여오자니 많은 비용을 지불해야 할 것 같아서 당황했다. 북해유전의 아주 작은 부분만 차지한 영국이 이를 간파하고 공동개발을 제안했다. 영국은 노르웨이의 기술적 약점을 보완해주는 대가로 막대한 개발 이익을 나눠가지려 한 것이다.

그러나 노르웨이는 이를 거부하고 기술개발을 가장 빨리 할 수 있는 방안을 모색했다. 이때 노르웨이 정부는 미국이 오랫동안 멕시코 만에서 해상유전을 개발해온데 착안하여 많은 기술 인력을 휴스턴 소재 라이스 대학 등에 보내어 공동 연구하도록 하였다. 오늘날 노르웨이는 해상유전 개발 기술의 최강자이지만 불과 수십

년 전에는 백지 상태였다. 30여년의 짧은 기간에 해양유전 개발 분야의 최선진국으로 떠오른 노르웨이 사례에 주목해야 한다.

우리 기업들이 앞으로 해양 프로젝트 부분에서 성공적인 수주활동을 하고 수익을 올리려면 기술 선진국을 따라 잡도록 다양한 노력을 해야 할 것이다. 휴스턴에서 우리 총영사관이 노르웨이, 브라질과 함께 매년 공동세미나를 개최하고 기술 인력 간 네트워킹 구축 작업을 하는 것도 그러한 목적이다.

4

해상유전 시추는 계속된다

미국 해양 에너지 관리부(BOEM, Bureau of Ocean Energy Management)는 저유가 상황에서도 2012~2017년 5개년 개발계획에 따라 멕시코 만 해양광구 세일(Offshore Sale)을 실시하였다. 해양 에너지 관리부는 이미 진행된 6개의 멕시코만 리스세일로 24억 달러의 수익을 거두었고, 궁극적인 목표인 국내 석유 및 가스 생산의 확대를 달성했다는 평가를 받았다.

리스세일은 과거와 같이 자원개발과 함께 주변지역, 해양 및 해안생태계 보호조치를 병행하는 조건으로 추진되며, 보호조치에는 생물학적으로 민감한 자원에 대한 보호, 보호종에 대한 부정적 효

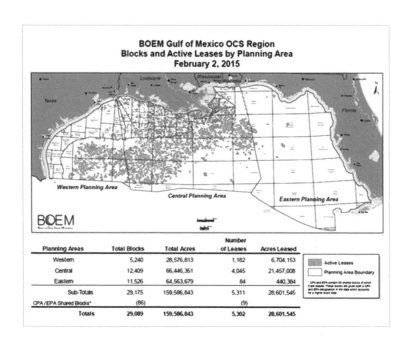

BOEM Gulf of Mexico OCS Region
Blocks and Active Leases by Planning Area
February 2, 2015

Planning Areas	Total Blocks	Total Acres	Number of Leases	Acres Leased
Western	5,240	28,576,813	1,182	6,704,153
Central	12,409	66,446,361	4,045	21,457,008
Eastern	11,526	64,563,679	84	440,384
Sub-Totals	29,175	159,586,843	5,311	28,601,545
CPA/EPA Shared Blocks*	(86)		(9)	
Totals	29,089	159,586,843	5,302	28,601,545

과 최소화 조치, 개발에 따른 인근지역과의 갈등 회피 노력 등이 포함된다.

저유가에 따라 미국의 육상 시추는 줄어들고 있으나, 멕시코만 지역의 해상 시추는 줄어들 기미가 보이지 않고 있다. 우드맥킨지(Wood Mackenzie)사의 전망에 따르면, 멕시코만 지역의 원유 생산량은 2014년 평균 하루 140만 배럴에서 2016년 하루 158만 배럴로 약 13% 증가할 전망이다. 육상의 석유시추시설(land rig)은 2014년 10월 대비 이미 33% 줄어들었으나, 멕시코만에서 운영하는 해상 석유시추시설(offshore rig)의 숫자는 2015년 중 오히려 전년 대비 30% 증가할 전망이다. 그 이유는 심해 해상유전 시추는 이미 수십억 달러의 투자가 이루어진 장기 계획에 따라 진행되기 때문에 현재의 가격에 민감하지 않다. 또한 육상 광구에 비해 충분한 경제성이 있기 때문이다.

해상 광구는 원유 매장량의 크기가 육상에 비해 워낙 커서 규모의 경제가 이루어진다. 일례로, Anadarko Petroleum사의 Lucius Platform은 단 6개의 유정으로부터 하루 8만 배럴 생산이 가능한데, 이는 수백 개의 육상 유정이 생산할 수 있는 수치이다. 전문가들은 해상유전을 30년 간 꾸준히 우유를 생산할 수 있는 젖소와 비유하면서 오늘의 유가가 얼마인가에 크게 개의치 않는다고 비유한다.

그렇기 때문에 Anadarko, BP, Chevron, Shell과 같은 메이저업체들은 저유가 상황에서 온갖 비용 절감 조치를 취하고 있음에도 해상유전 투자를 지속하고 있는 것이다. BP는 현재 멕시코만에서 10개의 시추 시설을 운영중인데 이는 역사상 가장 많은 수치이다. 이에 반해 텍사스와 콜로라도, 노스다코타에서는 육상 시추 활동이 계속 감소하고 있다. 멕시코만의 해상유전 활동은 새로운 프로젝트 추진보다는 기존에 경제성이 확인된 유전지역에 생산시설을 추가하는 것에 초점이 맞춰져 있다.

심해 유전 개발은 육상 유전 개발과 완전히 다른 산업처럼 각각 다른 논리로 움직이기 때문에, 장기적 전략 관점에서 접근해야 할 것이다. 저유가 환경에서는 차이가 더욱 뚜렷하게 나타난다.

해상유전 개발은 단기 가격보다 매장량과 자본 지출에 의해 움직이고, 그렇기 때문에 장기 투자를 감당할 수 있을 만큼 자금 여력이 충분한 대기업들에 의해 지배되고 있다.

이에 반해 육상 유전 개발, 특히 비전통적인 탐사·개발은 다양한 규모의 회사에 의해 추진되고 있는데, 해상유전 대비 상당히 단기의 사이클을 가지고 있다.

에너지 리서치 회사인 Douglas-Westwood사에 따르면, 저유가 환경에서도 부유식 원유 생산 관련시설에 대한 자본지출은 계속 증가해 2015~2019년 810억 달러에 달할 전망인데, 이는 2010년~2014년간 이루어진 지출 대비 73% 증가한 수치이다. 전체 예상수요 110개 설비(installation)중 부유식 원유생산, 저장, 하역설비(FPSO, Floating Production, Storage and Offloading)가 87개로 전체의 81%, 해저수직연결식 플랫폼(TLPC, Tension Leg Platform)이 9%, 부유식 원유생산·저장설비(FPS, Floating Production and Storage)가 7%를 차지할 것으로 전망된다.

과거 저유가 시기에 에너지 기업들은 업스트림 부문에서의 인수합병을 주로 추진하였으나, 지금은 파이프라인이나 저장탱크, 터미널 매각 등을 통해 자금을 확보하는 방향으로 선회하고 있다. 세계 석유가스 시장에는 미드스트림 부문 자산을 선호하는 투자자 그룹들이 존재하며, 그들은 미드스트림 자산을 안정적인 수익처로 보고 있다.

지난 2년간 세계 석유가스 시장에서는 약 3,180억 달러 규모의 미드스트림 인프라 거래가 이루어졌으며, 이는 그 이전 3년간 같은 부문에서 1,000억 달러 규모의 거래가 있었던 것에 비하면 크게 늘어난 수치이다. 에너지 기업들이 유전과 정유 시설들을 핵심 사업장으로 인식하고 있는 것에 비해 미드스트림 자산은 소모성 자산으로 생각하고 있는 것이 거래 증가의 요인이다.

최근 BP PLC, Total SA, BG Group 등이 미드스트림 자산을 매각하였는데, 연금 펀드나 사모회사가 수익률이 낮은 채권시장보다 인프라 투자에 관심을 보이고 있기 때문에 미드스트림 자산 거래가 활발하게 유지될 수 있다.

미드스트림 자산에 대한 수요는 풍부하고, 에너지 M&A 시장에서 가장 낙관적인 부문이 되고 있다. 2015년도에만 미드스트림 부문에서 1,500억 달러 이상의 거래가 이루어졌는데, 이는 E&P 부문에서의 거래규모를 약간 상회하는 수치이다.

오늘날 세계 에너지 시장에서 주로 거래되는 자산의 변화는 상당한 의미가 있다. 저유가로 압박받고 있는 에너지 기업들 중 업스트림과 미드스트림 모두에서 사업 영역을 갖고 있는 기업들은 업스트림 자산을 헐값에 매각하느냐 아니면 미드스트림 자산을 좋은 가격에 매각하여 현금을 창출하여 전략적인 목적에 투입하느냐 하는 딜레마에 놓여 있다. 투자자들은 미드스트림 자산을 매입하여 toll과 유사한 사용료를 징수함으로써 수익을 창출하는데, 사용료는 대개 장기 계약에 기반하기 때문에 투자자들이 장기 수익률을 계산하기 용이하다는 장점이 있다.

미드스트림 자산들은 E&P 기업들의 생산 활동에 필수적인 것으로, 한국 기업들이 북미 E&P 시장에서의 경험이 부족한 것에 비해 미드스트림 부문은 이미 관리할 수 있는 능력을 확보하고 있으므로 투자를 고려해 볼만한 것이다.

Keystone XL 파이프라인을 계획한 TransCanada사는 2015년 11월 6일 내린 오바마 행정부의 승인 거부 결정이 북미자유무역협정(NAFTA)을 위반한 것이라고 주장하면서, 지난 1월 6일 휴스턴의 남부 지방법원에 소송을 제기하였다. 이 회사는 미국 국무부의 승인 거부 결정이 프로젝트의 장단점을 검토해서 내려진 것이 아니라 "미국 행정부의 기후변화 정책에 대한 리더십을 보여주기 위한 상징적 조치"였으며, 미국 대통령이 아니라 의회가 승인 여부를 결정할 권한이 있다고 주장하고 있다. 이 소송은 캐나다부터 미국 중부 지방을 관통, 멕시코만에 이르는 거대 파이프라인의 운명을 결정할 중요한 사안이다. 미국의 에너지 자원 본격 수출 시대의 개막과도 관련되어 주목을 받고 있다.

원유 수출 금지 조치가 전격 해제된 것처럼 다음 미국 대선 결과 누가 대통령이 되느냐에 따라 갑작스레 다시 추진 모멘텀을 얻게 될 가능성도 배제하지 못한다. 이 프로젝트가 다시 추진될 때, 플랜트 분야 수주 기회 뿐 아니라 미국의 원유 수출 금지 조치 해제와 더불어 한국에게 어떤 원유수입 옵션을 추가로 제공할 수 있을지 면밀히 주시해야 할 것이다.

5

캐나다의 에너지 수출정책

캐나다는 오일샌드와 가스가 풍부하게 매장된 국가이다. 석유 수출 세계 5위, 석유 매장량 세계 3위, 가스 생산 세계 5위 국가이다. 에너지 분야는 캐나다 GDP의 8% 수준이다. 또한 수출 중에서 25%는 에너지 관련 제품이다.

그런데 캐나다의 에너지 분야는 결정적인 취약성을 갖고 있다. 생산된 에너지의 대부분이 미국이라는 단일 시장으로 수출됨에 따라 국제 가격보다 낮게 팔려나간다는 것이다.

캐나다 국가에너지위원회(NEB, National Energy Board)는 지난 10년간 천연가스 생산의 중심이 전통적인 방식에서 비전통적인

에너지 시장의 파워게임

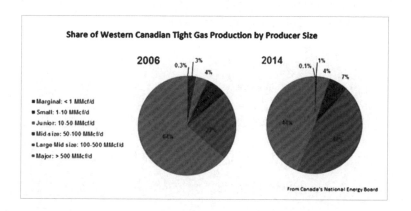

타이트(Tight) 가스로 옮겨 왔으며, 주로 중견 규모의 생산업자들에 의해 주도되었다고 언급한다.

캐나다는 전통적으로 미국에 석유와 가스를 수출해 왔다. 미국으로서도 캐나다로부터의 에너지 수입이 경제에 중요한 요소였다. 그러나 이러한 상황에 커다란 변화가 생기고 있다. NEB는 캐나다의 미국에 대한 천연가스 수출물량

이 2025년 하루 25억 입방피트까지 줄어들 것이고, 2040년에는 거의 미미한 수준에 불과할 것이라고 전망하고 있다.

셰일오일, 가스 자원 개발에 따라 미국은 캐나다로부터 천연가스를 들여올 필요성이 없어지고 있기 때문이다. 2040년에는 미국의 캐나다 동부 지역으로의 천연가스 수출이 캐나다의 미국에 대한 천연가스 수출 대부분을 상쇄할 것으로 예상된다.

앨버타에서 생산된 원유와 가스가 파이프라인으로 북미 최대의
정유시설이 있는 멕시코만으로 수출되고 있는데 용량의 한계로 수
출물량을 소화하는데 한계를 보이고 있다. 이러한 상황 타개를 위
해 캐나다는 캐나다에서 멕시코만으로 연결되는 Keystone XL 파
이프라인의 건설이 조속히 추진되기를 희망하고 있다.

미국의 원유수입이 2000년대 중반 이후 계속 줄어들고 있지만,
미국으로의 주요 원유수출국인 캐나다로부터의 수입은 2015년 사
상 최고치를 기록하였다.

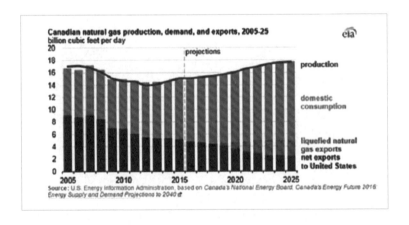

미국의 원유수입은 2015년 하루 평균 740만 배럴로, 2015년중
최고치였던 1일당 1,010만 배럴에 비하면 약 27% 적은 수치이다.
원유수입 규모는 점차 줄어들고 있지만, 전체 수입 물량 중 캐나다

와 사우디아라비아, 베네수엘라와 멕시코 등 4곳의 주요 공급 국가들의 비중은 늘어나고 있다. 캐나다는 2004년 이후 미국의 최대 원유수입국의 위치를 굳건히 하면서 2015년 하루 320만 배럴의 원유를 미국으로 수출하였는데, 이는 전년대비 10% 늘어난 것으로 미국 전체 원유수입의 43%를 차지하는 것이다.

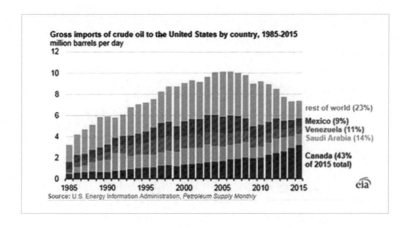

캐나다는 보통 중유(重油, heavy sour)를 생산하는데, 이는 미국이 현재 갖추고 있는 정유 등 처리설비에 적합하다. 미국으로의 파이프라인과 철도 수송 능력이 확장되면서 캐나다는 당분간 미국의 주요 원유 공급국으로 지위를 유지할 것으로 보인다.

2015년 미국 본토에서 생산된 원유의 70% 이상이 API비중 35 이상의 경질유(輕質油, light oil)였다. 하지만, 같은 해 수입된 원유의 90% 이상은 API비중 35 이하의 이보다 무거운 중유(重油, heavy oil)이었다. 미국의 정유시설들은 주로 중질유(中質油, medium)에서 중유(heavy oil)에 최적화되어 있지만, 기술적으로 일부 수정을 가하면 경질(light) 원유를 처리하는 것도 가능하다.

미국 내 생산되는 원유와 수입 원유의 확연한 비중 차이는 미국 내 원유 생산이 늘어나면서 미국 정유시설들의 운영에 변화를 가져올 수 있으며, 이는 미국 시장에 원유수출을 의존하는 캐나다에 위협이 될 수도 있다.

캐나다 정부는 국제 에너지 시장의 판도 변화에 대처하기 위해 수출대상국의 다변화를 위해 서부 태평양 연안으로의 파이프라인 확대를 추진중이다. 그러나 원주민들과 환경보호 NGO들의 반대를 극복하느라 시간이 걸리고 있다. 그러는 사이에 미국이나 호주 등은 세계 시장을 향한 LNG 수출 기반 투자를 적극적으로 추진중이어서 캐나다는 후발 주자의 위치에 있다.

우리나라로서는 미국과 캐나다 그리고 러시아 등 새로운 공급자들이 나타나는 의미가 있다. 우리나라에게는 무엇보다 반가운 소식이다.

⑥

미국의 석유가스 수출시대 개막

2015년 말 미국 상하원은 1975년부터 시행되어 온 미국산 석유의 수출금지 조치를 폐기하였다.

그러나 미국의 석유 가스 수출은 타이밍이 좋지 않았다. 세계적인 저유가 현상으로 자원 수출의 열기를 느끼기는 어려웠다.

현재 천연가스 가격은 침체된 시장의 영향으로 하락 압박을 받고 있지만, 대부분의 미국 LNG 수출 프로젝트들은 시장이 호전될 것으로 보이는 2020년 이후에나 본격적으로 운영될 예정이다. 지금 미국의 LNG 업계에 꽤 험한 바람이 불고 있는 것은 확실하다. 천연가스 수요 증가는 주춤하고 있고, 천연가스 가격은 미국의 업체들의 수출 프로젝트들이 승인을 받고 착수할 때보다 꽤 하락했으며, 일본의 원자력발전은 후쿠시마 사고의 충격에서 벗어나 정상화되고 있기 때문이다.

천연가스 수요는 증가 추세가 정체되었을 뿐 여전히 증가하고 있고, 파리 기후변화협약 이후 특히 각국 정부가 청정 에너지인 천연가스 소비 진작 정책을 채택할 경우에 수요가 탄력을 받을 것으로 보이며, 주요 잠재적 수요처인 중국과 인도에서는 공해 문제가 골칫거리기 때문에 천연가스 수요는 계속 증가할 것으로 보인다.

또 하나 긍정적인 것은 EU의 공급 다변화 목표이다. EU는 유럽 천연가스 시장의 통합과 다변화를 목표로 하는 새로운 천연가스 수급정책을 검토할 예정이다. 유럽에서 상대적으로 고립되어 있는 지역들, 특히 동유럽의 북-남쪽 경계 지역이 LNG 공급으로 인한 혜택을 받을 수 있을 것으로 보며, EU는 정책적으로 천연가스를 절실히 필요로 하는 국가들에 대한 연계 운송 경로를 확대하여 경쟁을 진작시킬 뿐 아니라, 단일 공급자, 특히 러시아에 대한 의존도를 줄임으로써 에너지 안보를 제고하려 하고 있다.

이러한 경쟁구도는 유럽에서의 천연가스 가격을 낮출 것이다. 폴란드의 LNG 터미널이 가동되기 전 러시아 가스프롬(Gazprom)사는 유럽에 대한 천연가스 공급가격을 인하한 바 있다. 유럽은 이미

스페인과 포르투갈에 상당한 규모의 LNG 수입 능력을 갖추고 있지만, 이를 북쪽으로 운송할 수 있는 파이프라인 용량이 부족하기 때문에 제대로 사용하지 않고 있다. 유럽의 천연가스 수입이 2020년까지 2배로 늘어날 것으로 전망되고 있다.

미국의 천연가스 산업은 셰일가스의 본격적인 개발로 해외 수출을 할 수 있게 되었고, 이를 위해 동시다발적으로 LNG 수출 프로젝트들이 진행되고 있다. 수십 년 만에 처음으로 유럽으로 수출되는 LNG가 2016년 상반기 루이지애나 Sabine Pass의 Cheniere사 터미널에서 선적되었다.

ConocoPhillips사는 알래스카 Kenai 반도의 Cook Inlet 해안에 위치한 Nikiski LNG 수출 터미널의 수출 면허 2년 연장을 요청한 바 있는데, 최근 에너지부는 이를 승인하였다. ConocoPhillips사는 승인 기간중에 총 400억 입방피트의 천연가스를 LNG 형태로 수출할 수 있게 되었다. 알래스카는 지역에 대한 안정적인 에너지 공급을 확보하면서 수입을 올리기 위한 LNG 수출 프로젝트도 적극적으로 추진하려 한다.

천연가스 가격이 낮은 수준을 유지하고 있는 상황에서 미국 본토와 호주를 포함한 세계 여러 지역에서 LNG 수출 프로젝트가 동시다발적으로 추진되고 있는데, 알래스카가 경쟁자들에게 밀려

LNG 개발 및 수출을 위한 좋은 기회를 놓치지 말아야 한다는 것이다.

유럽은 아직 파이프라인을 통해 공급되는 러시아산 천연가스에 대한 의존도가 매우 높지만, 미국산 LNG 수출이 본격화되면 유럽은 러시아 천연가스를 대체할 수 있는 좋은 옵션을 얻게 될 것이다.

다만 파이프라인으로 유럽에 공급되는 러시아산 가스의 가격은 LNG 형태로 공급될 미국의 가스에 비해 절대적인 가격 경쟁력을 갖고 있다. 먼 거리까지 수송해야 하고, 가스를 냉동시키고, 이를 다시 기화시키는 비용이 추가로 소요되기 때문이다.

미국은 루이지애나의 헨리허브를 비롯한 몇 개 허브지역과 각 지역이 가스 공급 배관망으로 잘 연결되어 있어서 낮은 가격으로도 공급이 가능하다. 결국 가스 가격은 이러한 인프라의 차이에 의해 상당한 차이를 보이고 있는 것이 현실이다. 유럽에게 러시아산 가스가 중요한 것처럼 우리나라에게도 러시아산 천연가스가 파이프라인으로 공급될 수 있다면 가격은 아주 매력적으로 될 수 있을 것이다.

7

저유가에 비명 지르는 사람들

미국의 에너지 기업들은 유가가 배럴당 100달러를 상회할 때 차입을 통해 적극적으로 유정개발에 나섰기 때문에 재무적으로 취약한 편이며, 비용절감을 위해 다각도의 노력을 강구하고 있다. 대형 셰일 개발업체들은 2015년에 2014년 대비 250억 달러 이상의 비용 절감 계획을 추진하여 재무건전성을 확보하려는 노력을 하였다.

우선 급락하는 유가 상황에서도 저유가에 대한 대비가 잘 되어 있는 기업들은 재무적으로 건전한 편이나 취약한 기업들은 경쟁업체들과의 합병을 추진하거나 개발중인 유정의 개발완료 시점을 연기함으로써 자본비용을 줄이고 있다. 다양한 방안을 통해 자본지출을 줄이고 현금을 확보하여 재무건전성을 높이는 것이 핵심 생존전략이므로 개별 회사의 재무건전성 확보 노력과 생존 전망에 따라 주식 시장에서의 평가도 달라질 수밖에 없다.

저유가가 미국 은행권의 에너지 부문에 대한 대출의 부실화와 기업 도산 등에 대비해 추가적인 충당금을 적립하게 하고 있다. 미국 금융권은 현금 부족에 시달리고 있는 에너지 기업들에 대해 생존을 위협할 수 있는 대출 제한 조치보다 상대적으로 관대한 입장을 유지하고 있다. 하지만 많은 은행의 에너지 포트폴리오에서 손실과 대손충당금 추가 적립 요구가 나타나면서 문제가 불거지고 있다. 에너지 부문 문제들이 대형 은행들 뿐 아니라 중소규모 금융 회사들의 실적을 흔들고 있다.

석유가스 산업의 대출에 대한 우려가 에너지 기업 포트폴리오 규모가 큰 은행들의 주가에 부정적 영향을 미치고 있다. 2016년 초반 에너지 부분에 대한 대출이 큰 은행들의 주가는 10~20% 하락하였다. 신용평가사들도 에너지 기업에 대한 투자 등급을 재심사하여 소폭 하향 조정하였다.

다운스트림 부문은 원료(원유 및 천연가스) 가격이 급속히 떨어졌지만 정유 제품 가격은 상대적으로 덜 하락, 오히려 정유 마진이 커지면서 혜택을 누리고 있다.

미드스트림 부문은 단기적으로 파이프라인 운송료가 현금 창출 통로가 되지만 업스트림 부문의 부진으로 지속 성장 여부가 불투명해졌고, 향후 유가가 회복되고 공급 개발이 늘어나기 전까지는 장거리 원유 및 석유제품 파이프라인의 증설 필요성이 적을 것이다.

Deloitte사는 2015년 M&A 거래가 생각보다 적었던 이유를 유가 불확실성의 증대와 투자자들의 구매 희망 가격과 기업들의 매각 희망 가격 간 차이가 컸기 때문인 것으로 분석하고 있다.

2015년에는 유가가 배럴당 100달러 하던 시기로부터 오래 지나지 않아 기업들이 아직도 100달러 유가 시기 마인드에서 벗어나지 못했으며, 그래서 자산을 저가에 매각하기 보다는 유가가 다시 반등하기를 기다리면서 버티는 전략을 선호했다고 분석된다.

끝이 보이지 않는 유가 급락이 시작되었을 때 생산자들은 우선 첫 번째로 비용 절감을 통해 대응하였고, 금융권은 대체로 석유가스 산업계의 요구를 충족시키면서 생산 기업들이 필요로 하는 유동성을 공급할 수 있었다. 하지만, 유가 하락기가 길어지고 신용 시장이 경직되면서 금융권이 계속 유동성을 공급할 의사와 능력이 있는지는 의문이다.

아직까지 M&A 시장에서의 매각/매입 희망가격간 격차(bid/

ask spread)는 좁혀지지 않고 있으며, 기업들은 자신들의 장기 성장 전략을 뒷받침하는 핵심 자산들을 저가에 매각하는 것을 주저하고 있는 가운데, 잠재적 매입자들은 핵심 자산이 아닌 2급 또는 3급 자산들을 매입할 의사가 별로 없는 것으로 보인다.

투자자들이 석유가스 자산에 관심이 있다고는 하지만 시장의 불확실성을 고려할 때 지금의 우량 자산 가격은 매력적이지 않으며, 많은 잠재적 매입 희망자들은 향후 자산 가격이 더 하락할 지도 모르는데 지금 과다한 가격을 지불하는 것은 아닐까 우려하면서 대기 관망 전략을 채택하고 있다.

현재 거래가 이루어지고 있는 물건들은 대개 소형으로 지질학적 구조와 특성이 잘 알려져 있고 이미 인프라가 갖춰져 있는 현장으로, 매입자가 전략적으로 필요하다고 판단한 자산들이다.

석유가스 산업 불황으로 2015년 가장 즉각적이고 심각하게 타격을 받은 분야가 바로 유전의 탐사와 생산에 필요한 오일필드 서비스 부문이다. 에너지 회사의 비용 절감 필요성으로 가장 압박을 받고 있는 분야는 설비와 서비스, 자재 등 공급 체인(supply chain)이다. 운영 회사들은 프로젝트에서 약 20~30%의 비용 감축을 목표로 하고 있는데, 평균 10~15%를 공급 체인에서 줄이려고 하고 있다. 이는 운영 회사들의 서비스 회사들에 대한 압력 뿐 아니라, 서

에너지 시장의 파워게임

비스 회사들의 자신들에 대한 자재와 원료 공급 회사들에 대한 압박으로도 나타나고 있다.

2015년 중 생산 기업들이 서비스 기업과 가격 협상을 다시 하거나 계약을 취소하고, 단기 E&P 활동 규모를 축소하면서 서비스 기업들의 수익은 크게 줄어들었다. 업황에 압박을 받은 많은 서비스 기업들이 시장에 매물로 나왔으나, 많은 서비스 수요 창출 프로젝트들이 연기되면서 실제 성사된 거래는 거의 없었다.

2015년 중 슐럼버거(Schlumberger)의 카메룬(Cameroon) 인수가 가장 눈에 띄는 거래로, 오일필드 서비스 부문 전체 M&A 거래 중 금액 기준 60%를 차지하였다. 이 거래로 슐럼버거는 카메룬의 해양유전 서비스 기술을 전부 확보하였다.

2015년 석유가스 파이프라인, 처리 공장(processing plants), LNG 시설, 벌크 저장 터미널 등 미드스트림 부문은 2015년 중 다른 부문들이 상당한 M&A 거래 감소를 실현한 것에 반해 전년 수준을 유지했는데, 이는 미드스트림 부문에 특유한 요소들이 활발한 거래를 유도했기 때문이다.

미드스트림 운영자들은 업스트림 부문과 달리 석유가스 산업의 침체와 회복 주기와 어느 정도 유리되어 있다. 원유 및 가공제품, 천연가스를 처리, 저장, 운송하는 수요는 시장 요구에 좌우되는 데, 이는 업스트림 부문보다 단기, 중기적으로 안정적이라는 특성이 있다.

저유가 환경에서는 많은 생산업자들이 운영 비용 절감을 위해 미드스트림 부문 운영 기업들과 협상을 다시 하거나 아예 운송 계약을 해지하고자 하고, 미드스트림 시설 운영 기업들은 이러한 재협상 또는 계약해지 위험에 훨씬 더 많이 노출되어 있다.

미드스트림 부문 M&A와 직접 연관되어 있지는 않지만, 미국의 첫 LNG 수출이 2016년 시작되었고 향후 2~3년간 공사중인 5개 LNG 수출 프로젝트들이 완공 예정이라는 점을 주목할 필요가 있다. 40년 만에 미국의 원유 수출 금지 조치가 해제된 것도 미국 해안을 따라 추가적인 원유 저장 시설과 선적 시설에 대한 수요를 유발할 수 있다.

다운스트림 부문은 원유 정제 시설 뿐 아니라 석유 생산 터미널, 마케팅, 배포 그리고 소매 시설 등 다양한 요소로 구성되어 있다.

2015년 상반기 일부 종합석유회사들은 늘어난 정유마진의 혜택을 누렸다. 유가 급락이 시작되기 전, 정유사들은 12년간의 시설가동률 감소 추세를 2010년부터 반전시켰고, 지금은 95%의 가동률을 시현하고 있는데, 이는 주로 정유 제품에 대한 국제 수요의 증가와 수출 수요 충족을 위한 미국의 정유 능력 확충에 기인한다.

2016년은 미국의 원유 수출 재개가 다운스트림 부문에 어떤 영향을 끼칠 것인지가 주목되는데, 미국의 정유 산업은 과거 수년간 높은 가동률과 세계 다른 지역보다 높은 정유 마진의 혜택을 누렸었다.

2014년 하반기 유가 급락이 시작된 이래 미국과 유럽의 대형 석유가스 기업들은 프로젝트를 연기하고 있는데, 급격한 예산 삭감은 그들의 매장량 대체율(reserve replacement ratio)에 영향을 미칠 수 있다.

엑슨모빌, BP, 쉐브론, 쉘과 같은 메이저 오일 기업들은 매장량 규모가 메이저 오일 기업들의 성장에 필수적인 요소라는 점에서 장기 성장 기반에 큰 타격을 줄 수도 있다.

과거 저유가 시대에는 비슷한 규모의 석유가스 그룹들 간 덩치를 키우려는 합병도 활발했으며, 1990년대 유가가 배럴당 20불 선에 머무를 때 엑슨(Exxon)과 모빌(Mobil), 쉐브론과 텍사코(Texaco)의 합병이 있었다.

금번 저유가 구간에서는 현재까지 나타난 유일한 대형 에너지 기업 간 M&A는 쉘사의 BG(British Gas)그룹 매입인데, 최근 양사는 각각 개최한 주주총회에서 합병을 승인하였고, 2016년 중 거래를 마무리할 예정이다.

많은 미국의 셰일 개발업체들은 매각 상황을 피하기 위해 노력하고 있는데, 그 중 하나는 아파치(Apache)사이며, 최근 애너다코 (Anadarko)의 매입 시도를 거부, 방어한 바 있다.

최근까지 잠재적인 매각 대상 기업들은 너무 낮은 가격이라고 판단되는 매입 요청을 받아들이는데 주저하면서 유가가 반등하기를 기대했었고, 반대로 잠재적 매입 희망 기업들은 극도로 불안한 유가 환경에서 결정을 미루면서 만약 유가가 더 하락한다면 매입 요청 가격이 비싼 것은 아닐까 우려했었다.

주요 은행과 신용평가 회사의 전문가들은 금년 중 평균 유가가 배럴당 50달러 이하일 것으로 예상하고 있으며, 몇몇 에너지 경제학자들은 저유가가 2017년, 2018년까지 지속될 것으로 전망하고 있다.

딜로이트(Deloitte)사의 석유가스 자원평가에 따르면, 석유가스 산업계에서 M&A 시장은 이제 과거 몇 년보다 매력적인 상황이 되었으며, 특히 북미 셰일 혁명에 직접 참여하지 않고 옆에서 지켜봐온 초대형 석유가스 회사들에게는 좋은 기회가 다가 왔다.

전문가들의 전망에 따르면 저유가 환경에서 새로운 시추의 경제성은 점점 나빠지고 있으며, 많은 회사들은 개발을 계속하기 보다는 개발 비용을 줄일 수 있는 자산 매입에 나설 것이다.

이번 위기에 대응하는 에너지 회사들의 방식이 과거와 유사하며 많은 문제점을 야기시킬 것이라는 분석이 있다. 직원들의 일시 해고와 프로젝트의 중단, 그리고 연구 개발(R&D) 예산의 대폭 삭감 등이 그것이다.

운영회사들은 어느 정도 견딜 수 있을지 모르지만, 공급체인이 겪는 고통은 훨씬 크고, 저유가가 지속된다면 공급체인의 능력 상실이 영구적일 수 있는 위험이 존재한다. 모든 분야에 걸쳐 회사들은 비용 감축과 효율성 증진을 추구하면서 장기 목표와의 균형을 찾기 위해 노력하고 있다. 이러한 침체기가 처음이 아니고 많은 회사들이 헤쳐 나온 경험이 있지만, 어떤 접근 방법이 가장 효과적인가에 대해서는 공감대가 형성되어 있지 않다. 석유가스 산업이 지난 침체기 때 범했던 실수들을 반복하고 있다는 지적이 있다.

저유가 시기 석유가스 회사들은 비용감축 및 효율성 증진과 장기 목표 추구 사이에서 적절한 균형을 찾아 언젠가는 찾아올 상승기에 대비해야 한다. 2016년 최고경영자들의 우선순위는 바로 그 균형을 찾는 것이 될 것이다.

2년 전부터 계속되고 있는 대형 해양프로젝트의 연기 내지는 취소와 에너지 분야 인력의 대거 타업종으로의 전직은 향후 공급 부족을 초래하여 유가가 다시 폭등할 수 있는 상황을 만들 수 있다.

8

우리 기업들의 도전

우리 기업들은 텍사스와 루이지애나에 형성되어 있는 에너지 사업 인프라를 활용하여 새로운 투자에 나서고 있다. (주)롯데케미컬이 루이지애나주 레이크 찰스 지역에 건설하기 시작한 석유화학단지 건설과 SK가 프리포트항으로부터의 LNG 수출용 프로젝트가 있다.

(주)롯데케미칼은 조지아주 애틀란타에 본사를 두고 있는 연 매출 50억 달러 규모의 중견 화학회사인 액시올(Axiall)사와 2015년 6월 합작공장 설립을 위한 본 계약을 체결한 바 있으며, 2016년 6월 기공식을 했다.

투자규모는 약 30억 달러로, 액시올(Axiall)사와의 합작(롯데 90: Axiall 10)으로 건설되는 에탄크래커 공장(연산 100만톤, 약 19억 달러)과 롯데케미칼이 단독 투자하는 에틸렌클리콜(MEG, 연산 70만톤, 약 11억 달러) 생산 공장으로 구성되어 있다.

롯데케미칼 공장 예정지는 기존 액시올사의 화학공장과 도로 하나를 사이에 두고 접해 있어 기존 공장에 설치된 발전설비로부터 전기를 공급받을 수 있고 파이프라인, 항만시설 등 기존 인프라를 활용할 수 있다는 장점이 있다.

특히, 기존 액시올 공장 부지에 MEG 저장탱크를 설치, 생산된 MEG를 육로를 거치지 않고 액시올사의 항만을 이용해 멕시코만을 통해 최종 수요처인 중남미와 중국에 저렴한 비용으로 수송할 수 있다.

북쪽으로는 주간 고속도로인 I-10에 접해 있고, 남쪽으로는 멕시코만과 이어지는 바이유(bayou)가 있어 교통이 매우 편리하며, 남쪽 바이유는 바지선 접안이 가능하도록 5m 깊이로 준설하여 주요 공장 건설자재를 육로를 거치지 않고 바로 현장으로 운송, 건설비용을 절감하고 공기를 단축할 예정이다.

EPC는 삼성엔지니어링과 CB&I가 수주하였는데, 롯데 케미칼은 대기업과 중소기업 상생 경영을 추진하기 위해 건설 공사에서

1,000억 원 이상의 우리 중소기업 기자재를 간접 구매한다는 방침이다.

석유가스 산업은 저유가가 향후 상당기간 지속될 것이라는 전망이 확산되면서 계속 침체되고 있으나, 석유화학 부문은 원료(feedstock)가 되는 천연가스가 풍부하게 넘쳐나고 저렴한 가격으로 공급되면서 석유화학 프로젝트가 동시다발적으로 추진되는 등 활발한 양상을 보이고 있다.

또 다른 프로젝트인 SK의 프리포트 LNG 수출 프로젝트는 현재 미국에서 건설이 진행중인 5개의 LNG 수출 프로젝트중 하나로, 3개의 액화 트레인과 3개의 대형 저장탱크, 2개의 선적시설이 예정되어 있으며, 완공 시 하루 18억 입방피트의 천연가스를 처리, 연 1,320만 톤(우리나라 연간 LNG 수요의 약 1/3을 상회)의 LNG 생산 능력을 갖추게 될 예정이다.

현재 미국에는 5개의 LNG 수출 프로젝트가 진행중이다. 2015년 미 의회에서 결정된 에너지 자원 수출금지 해제에 따라 이제 미국도 에너지 자원을 해외에 수출할 수 있게 되었기 때문이다. 이러한 수출기지는 대부분 텍사스와 루이지애나에 위치한다. 과거에는 외국에서 LNG를 수입해서 미국 내에 공급하던 것이 이제는 그 역할이 수출로 전환되기도 했다. 루이지애나의 사빈 패스 등 2곳, 텍사스의 프리포트와 코퍼스 크리스티 그리고 동부 메릴랜드의 코브 포인트에서 LNG 수출시설이 건설중에 있다.

미국은 당초 천연가스 수입국으로 지금도 동부와 동북부 인구 밀집지역의 수요 일부를 캐나다로부터의 파이프라인을 통한 수입으로 충당하고 있으나, 셰일 혁명이 시작된 이후 수입량이 급격히 감소하고 있으며, 특히 주요 셰일층이 밀집된 텍사스 등 남부 지역의 경우 자체 천연가스 생산이 수요를 훨씬 능가하고 있다.

프리포트 LNG 수출 프로젝트는 대표적인 브라운필드 프로젝트로, 기존 수입 터미널 용도로 건설된 대부분의 시설들을 그대로 활용할 수 있어 캐나다와 호주에서 제로 베이스에서 추진되는 LNG 수출 프로젝트 대비 비용상 이점이 있으며, 또한 미국 생산 천연가스 가격이 mmBtu당 3달러 아래이고, 마르셀러스 셰일에서의 일부 유정 생산물은 1.5~2달러 정도로 세계에서 가장 저렴한 편이라는 점에서 경쟁력을 갖추고 있다.

캐나다(서부해안), 호주보다 지리적인 여건상 LNG 황금시장인 동아시아로의 접근성이 떨어져 운송비가 많이 든다는 단점이 있었으나, 파나마 운하 확장공사가 마무리되어 한 번에 7만 톤의 LNG를 수송할 수 있는 대형 LNG선의 취항이 가능하기 때문에 운송비 측면에서의 불리한 점도 어느 정도 극복 가능하다.

Brooking 연구소는 향후 국제 LNG 시장의 공급 과잉을 예측하면서도 5개의 프로젝트는 수익성을 갖출 것이라고 긍정적으로 전망한 바 있다.

이 프로젝트는 이미 마케팅을 마무리하여 3개국 5개 기업을 고객사로 확보하고 생산물량을 전부 소화하였으며, 우리 기업 SK E&S도 구매사 중 하나이다.

SK E&S는 Freeport LNG Development사와 2019년 가을 완공 예정인 3번 트레인을 이용 2019년부터 20년간 매년 220만톤의 LNG 구입계약을 체결하였고, 일부 물량은 국내로 도입하고 잔여 물량은 국제 LNG 시장에서 처분하여 수익을 창출한다는 목표로 현재 프로젝트 공정관리와 북미 E&P 시장에서의 천연가스 구매, 국제 LNG 시장에서의 거래경험 축적 등 관련 업무를 추진하고 있다.

한편, 미국에서 건설중인 5개의 LNG 수출 프로젝트는 대부분 중남부 지방(텍사스 2곳, 루이지애나 2곳)에 있는데, 이 중 우리 한국가스공사가 내년부터 한 해 350만 톤의 LNG를 구입하기로 예정된 Cheniere 에너지사의 Sabine Pass 프로젝트의 1번 액화 트레인이 최근 완공되어 5월경 첫 수출선적을 한 바 있다.

이 프로젝트의 수출 선적은 미국이 국제 LNG 시장에서 본격적인 공급자로 등장하게 됐음을 알리는 신호탄으로, 국제 에너지 시장의 근본적인 변화를 이끌어 낼 것으로 기대된다는 점에서 큰 의미가 있다.

미국의 LNG 생산량은 2014년 한 해 140만 톤에 불과했으나, 현재 건설중인 5개 프로젝트가 완공되면 한 해 6,400만 톤으로 카타르의 생산능력에 육박하게 된다. 2025년경에는 한 해 9,400만 톤으로 카타르는 물론 호주도 능가하게 될 전망으로, 국제 LNG 시장의 공급능력 증대와 가격안정을 주도할 것이다.

변화하는 에너지 시장 역학관계

전문가들은 OPEC(Organization of Petroleum Exporting Countries)가 결국 과거에 보여준 행태와 같이 가입국간 감산에 합의하여 유가를 끌어올리거나, 러시아, 노르웨이, 멕시코와 같은 비 OPEC 국가들과 합의해서 가격을 상승궤도로 돌려놓을 것으로 전망하고 있다. 주기를 가지고 있는 석유가스 산업에서 역사는 반복되기 마련이라고 보는 것이다.

최근 역사는 이러한 가능성이 매우 높음을 시사하고 있다. 1999년과 2003년, 그리고 2009년의 경우 저유가가 수요의 증가를 촉발하면서 OPEC 국가들과 비 OPEC 국가들간 합리적인 합의가 가능한 환경이 조성되었고, 합의를 통해 실질적으로 가격을 높였던 사례가 있었다.

그러나 과거와 같은 패턴으로 시장이 다시 균형을 찾을 것으로 단정하는 것은 위험하다. 과거에는 현재 시장에서 중요한 역할을 하고 있는 미국의 셰일오일과 가스, 캐나다의 오일샌드와 같은 비전통적인 자원이 없었기 때문이다. 이란도 경제제재에 묶여서 석유 수출을 못하고 있다가 이제는 본격적인 수출에 나서고 있다.

더욱이 국제 석유 수요에 영향을 미칠 수 있는 파리 기후변화협약도 고려해야 하고, 과거 대비 특정국들의 석유자원 집중도가 상당히 낮아지면서 주요 자원생산국들의 영향력이 감소하고 있음도 감안해야 하기 때문이다.

OPEC의 합의 및 발표 내용에 따라 유가가 상승할 수는 있겠지만, 업스트림 부문은 커다란 구조적 변화에 직면하고 있다.

기술 혁신과 경험 축적에 따라 셰일과 다른 자원층, 심해와 오일샌드는 물론 전통적인 유전층에서 생산하는 오일의 원가가 지속적으로 하락하고 있다. 미국 셰일의 손익분기점은 최근 30~40% 하락하면서 채굴 가능한 오일, 가스의 물량도 증가하고 있다. 심해유전과 오일샌드에서도 비슷한 원가 하락이 진행되고 있다.

21세기 초반까지 셰일오일과 가스는 거의 생산되지 않았으나 지금은 이들이 유가의 가격탄력성을 결정하는 매우 중요한 요소가 되고 있다.

또한 에너지 효율성의 증진과 기술의 혁신은 향후 석유 수요 증가 전망을 어둡게 하고 있다. 향후 수년간 세계 경제 성장은 더뎌질 것으로 보이고, GDP와 석유수요와의 상관관계도 과거와 달리 약화되고 있는 추세이다. 거의 모든 원자재 가격 상승을 이끌어 왔던 중국 경제의 성장도 침체되고 있다.

2015년 말 파리 기후변화협약의 체결을 계기로 미국과 유럽, 그리고 중국은 미래 석유 사용을 적극적으로 억제하고 특히 대체연료를 사용하는 자동차 기술을 육성하기 위해 노력하고 있다. 선진국이나 개도국 모두 이산화탄소 감축 목표가 설정되었고, 이행을 원활하게 하기 위해서 개도국에 대한 재정지원도 하기로 합의되었다.

천연가스 및 전기자동차와의 경쟁으로 이미 석유는 독점적인 이동수단 연료로서의 지위를 잃기 시작하고 있다. 캘리포니아주립대 지속가능한 교통수단 프로그램(STPP, Sustainable Transportation Pathways Program)의 연구결과에 따르면, 첨단 기술들의 도입을 통한 자동차의 효율성 증진, 물류 계획 및 화물 운송 부문에서의 개선, 운송수단의 개인 소유 제한과 교통체증 억제 중심의 도시의 운송 패턴 변화, 그리고 아시아 주요 국가들의 예상보다 못한 경제

성장 등이 종합적으로 작용하여 운송수단을 위한 석유수요가 향후 10년 정도 안에 정점을 기록할 것으로 예상된다.

문제는 다가올 정점과 그 이후의 수요 감소가 과연 일시적인 것인지 여부이다. 설사 인구가 많은 개발도상국들에서 경제 발전과 함께 중산층이 대두해서 상기 제시한 구조적인 변화보다 많은 수요 증가를 유발할 것이라고 가정하더라도 STPP는 운송 부문에서의 석유수요는 2040년까지 하루에 5,500만~6,000만 배럴에 그칠 것이라고 전망하고 있다. 이는 2015년 운송 부문 석유 수요인 하루 5,200만 배럴 대비 소폭 증가에 불과하고, 엑슨모빌이 2015년 예측한 2040년 수요 6,900만 배럴 보다 크게 낮은 것이다.

미래 석유 수요의 구조적 변화 여부에는 불확실성이 존재하지만, 적어도 이제는 과거와 같이 국제 석유시장에서 대량 생산자들이 자신들의 목적에 따라 시장을 조정할 수는 없을 것이다.

OPEC나 산유국들의 움직임에 따라 시장이 반응하는 것을 보면, 일견 OPEC의 저비용 생산자들과 멕시코나 러시아와 같은 일부 OPEC에 협조적인 생산자들이 여전히 정치적인 의지를 통해 시장 움직임과 반대되는 영향력을 행사할 수 있는 것처럼 보인다.

OPEC의 의지가 결정적 영향력을 행사할 수 있던 과거의 '구질서'하에서 미국은 주요 수요처(demand center)라는 것 외에 별다른 역할이 없었다. 국내 생산량이 계속 감소하는 가운데 미국은 '가격 순응자(price taker)'였고, 에너지 순수입국으로서의 지위는 석유지정학적 구도에서 미국의 역할을 약화시켰다.

하지만 지금 형성되고 있는 '신질서'에서 국제 석유시장은 세 나라에 의해 지배되고 있으며, 미국은 그 중 하나로 위상이 강화되고 있다. 사우디아라비아와 러시아, 그리고 미국은 세계 석유의 35% 정도를 생산하고 있다. 세 나라 모두 국제 석유 시장에의 공급과 균형에 실질적인 역할을 하고 있는데, 미국의 경우 시장의 움직임에 반하는 어떤 합의도 하기 어렵다는 특징을 갖고 있다. 미국은 석유의 자유 거래를 보장한다는 특성에 의해 OPEC의 오랜 시장지배력을 위협하고 있다.

위의 세 나라는 모두 거의 비슷한 생산량을 갖고 있다. 하지만, 생산량 규모는 단지 하나의 요소일 뿐이고 누가 관련되는 의사 결정권을 갖고 있느냐는 다른 문제이다.

사우디아라비아는 생산과 관련된 결정권이 한 명에게 집중되어 있다. 러시아에는 여러 상업적 기관 또는 기업들이 존재하지만, 실질적으로는 러시아 정부가 결정권을 갖고 있다.

하지만 미국은 전혀 다른 메커니즘을 갖고 있다. 수백, 수천 개의 독립적인 기업들이 시장에서의 치열한 경쟁을 통해 석유를 생산해서 국내에 판매할지 아니면 해외로 수출할지와 주요 사항들을 자율적으로 결정하는 시스템이다. 이렇게 권한이 분산되고 시장 지향적인 미국의 E&P 부문은 확실히 다른 결과를 도출하고 있다. 특히 주목할 점은 이러한 시스템 하에서 미국은 유가가 회복될 경우 매우 유연하게 생산량을 늘릴 수 있다는 것이다.

미국의 셰일 자원은 풍부할 뿐만 아니라 이제는 상대적으로 낮은 비용으로 개발될 수 있다는 장점을 갖고 있다.

미국 셰일 시장에의 진입 비용은 매우 낮은 편으로, 이는 미국 E&P 시장의 경쟁을 촉진시키는 요소이다. 또한 E&P 시장을 지원하는 금융 서비스가 잘 갖춰져 있어 만약 유가가 회복되면 미국에서의 공급은 쉽게 늘어날 것이다.

심해 유정들은 개당 1억 달러 이상의 개발비용이 소요되고 생산 개시 시점까지 5년 또는 그 이상의 시간이 필요하고, 비용 회수를 위해서는 다시 5년 이상의 기간이 걸린다. 이와 대조적으로, 셰일 유정은 개당 5백만 달러 이하의 비용으로 거의 즉각적으로 생산이 가능하고, 비용회수도 불과 5개월 안에 이루어질 수도 있다. 이렇게 최종 투자 결정에서 생산 개시까지 단시간 내에 이루어지는 구조라서 미국의 셰일오일은 유가가 회복되는 것과 거의 동시에 생산을 늘릴 수 있다.

이는 국제 석유 시장이 90년대와 다르게 움직이도록 하는 극명한 차이점이다. 그때는 고유가와 공급부족에 대응하기 위해 브라질 심해나 아프리카, 호주의 전통적 유전을 개발하는데 상당한 시간이 필요했다.

중동은 과거 세계에서 가장 낮은 비용으로 유전 개발이 가능한 지역으로 인식되었으나, 이제는 고비용 환경으로 변화해 가고 있다.

2014~2016년 유가가 하락하던 시기에 중동의 핵심 세 나라, 쿠웨이트와 사우디아라비아, 그리고 아랍에미레이트연합에서의 시추활동은 역사상 가장 활발하였다. 이 세 나라에서의 생산비용에 대한 정확한 통계 자료는 공개되어 있지 않지만, 사우디아라비아의 아람코(Aramco)사는 2003~2009년간 생산량을 하루 285만 배럴 늘리는데 150억 달러를 사용하였다. 이는 중동에서의 일반적인 생산 비용보다 배럴당 5~10달러 정도 높은 수준이다.

사우디아라비아의 자이언트 마니파 유전에서는 하루 80~90만 배럴의 생산 증가를 위해 70억 달러를 투입, 더 많은 비용이 들었던 것으로 보인다. 이는 경쟁력을 갖춘 심해 유전 개발 비용에 맞먹는 수치이다.

주요 석유생산국들이 유가 담합을 이룰 가능성이 있다 하더라도, 사우디아라비아의 의사결정권자들은 문제가 그렇게 단순하지 않다는 것을 잘 이해하고 있다. 특히, 중국의 석유수요 증가세가 감소하고 이란과 이라크의 생산이 증가하고 있는 지금 상황에서는 더욱 그러하다.

만약 사우디아라비아가 러시아 등 다른 산유국들이 요구하는 충분한 석유 감산에 동의한다면, 생산을 늘리고 있는 이란에 석유시장 점유율을 빼앗길 가능성과 유가 상승시 단기간에 쉽게 생산량을 늘릴 수 있는 능력을 갖고 있는 미국의 E&P 산업에 간접적으로 보조금을 지급하는 효과를 피할 수 없을 것이다.

1980년대 또는 그보다 일찍부터 국제 석유 산업은 세계 다른 지역의 쉽게 개발될 수 있는 석유자원은 점차 고갈되고, 중동의 풍부한 석유 자원에 대한 의존도가 갈수록 높아질 것이라는 명제 하에 운영되어 왔다.

새로운 유전 개발을 위한 석유의 추가적인 생산 비용은 계속 높아질 것이고, 시장 가격도 그에 따라 높아질 것이라고 예측했었다. 최근까지 유지되었던 이러한 가정 하에서 시장 침체는 일시적인 것에 불과하고, OPEC 국가들은 생산국간 협의를 통해 이를 극복할 수 있었으며, 갈수록 가치가 높아지는 자신들의 보유자원을 기반으로 영원한 공급자가 될 것으로 믿어왔다. 하지만, 이제는 상기 명제가 옳은 것인지 의심받고 있다.

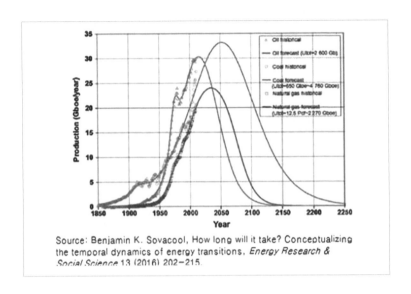

Source: Benjamin K. Sovacool, How long will it take? Conceptualizing
the temporal dynamics of energy transitions, *Energy Research &*
Social Science 13 (2016) 202–215.

만약 실제 "oil peaking"이 일어나지 않는다면 시장 수요 증가세의 감소는 위와 같은 관점에 심각한 위협이 될 수 있다. 석유 수요가 실질적으로 계속 증가하지 않는다면 OPEC 국가들은 시장 상황을 다시 평가하여 생산과 관련된 결정을 내려야 한다. 다시 말하자면, 시장이 위축되는 상황에서 OPEC과 비 OPEC의 산유국들 모두 침체기를 연장시켜 고통을 더 악화시키지 않으려면 석유 자원 개발과 생산 프로젝트를 연기할지 여부를 신중히 고민해야 한다는 것이다.

다른 한편, 환경 보호에 대한 공감대가 확산되고 규제가 강화되면서 석탄 자원이 그랬던 것처럼, 미래 어느 시점에서는 석유 자원도 개발이나 사용이 제한될 가능성도 존재한다. 사우디아라비아와 러시아는 각각 50~100년간 채굴할 수 있는 석유자원을 갖고 있지만 석유가 발전연료용 석탄(thermal coal)의 전철을 밟게 된다면 일부 자원들은 개발할 수 없는 상태로 남겨질 수도 있다. 그렇다면 브라질 대서양 암염 하부층과 같은 고비용 생산자들도 단기적으로 살아남을 수 있었던 과거의 카르텔 체제를 유지할 수 없을 것이다.

그래서 사우디아비아와 대형 석유자원 보유 국가들은 다급한 현금 확보를 우선시해야 할지 잔존 석유자원의 가치를 경제적으로 극대화하기 위해 어떤 입장을 취해야 하는가에 대해 고민해야 하는 상황에 놓여 있다.

과거의 석유시장이 생산자와 소비자간 갈등 위주였다면 지금은 생산자들 간 시장점유율과 지배력을 확대하기 위한 경쟁이 중요하다. 그래서 OPEC국가 간 감산 합의나 OPEC, 비 OPEC 국가들 간 어떤 의미있는 합의가 어렵고, 설사 있다 하더라도 그러한 담합이 시장에 과거와 같은 효과를 불러일으키기는 어려워 보인다.

결론적으로 OPEC 국가들의 석유 자원 공급, 미국의 자원개발능력과 에너지 효율성 증진 기술들이 과거의 석유시장 생산자-소비자 관계를 근본적으로 변화시키고 있으며 특히 OPEC 국가들의 정치적인 영향력을 크게 감소시키고 있다.

에너지 시장의 전환을 이야기할 때 빠뜨리지 말아야 할 것이 에너지 시장 전환에 얼마나 시간이 소요될 것인지, 기술적인 발전이 에너지 소비의 혁명을 가져오고 번영과 삶의 질 향상에 기여할 것인지, 아니면 맬서스의 인구론적인 재앙으로 갈 것인지 여부에 대한 논의이다. 어느 이론가의 예측이 맞을 지는 결국 시간이 결정할 것이다.

에너지 시장의 파워게임

10

중동 지역의 태양광 발전 잠재력

화석연료를 대체할 에너지 자원 그 중에서도 태양광 발전이 주목받고 있다.

사막은 태양광 발전에 적절한 지역으로, 대서양에 접한 북아프리카 서쪽부터 북아프리카 전역과 아라비아 반도, 페르시아만에 이르는 광대한 지역은 막대한 태양광 발전 잠재력을 가지고 있다. 하지만 최근까지 중동 지역에서의 태양광 발전은 경제적으로 실행가능하지 않았을 뿐만 아니라 풍부한 화석에너지 덕택에 개발 필요성이 크게 제기되지 않았었다.

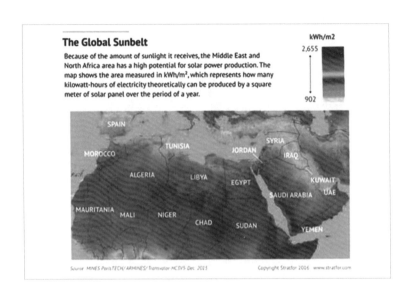

The Global Sunbelt

Because of the amount of sunlight it receives, the Middle East and North Africa area has a high potential for solar power production. The map shows the area measured in kWh/m², which represents how many kilowatt-hours of electricity theoretically can be produced by a square meter of solar panel over the period of a year.

kWh/m2
2,655
902

Source: MINES ParisTECH/ ARMINES/ Transvalor MCEVS-Dec 2015   Copyright Stratfor 2016 www.stratfor.com

이제는 태양광 발전 기술이 어느 정도 경제성을 가지게 되면서 중동과 북아프리카 국가들도 태양광 부문에 투자를 준비하고 있다. 예를 들어 요르단과 모로코 같은 비산유국들은 신재생 에너지가 에너지 자립에 기여할 수 있을 것이다. 사우디아라비아나 아랍 에미레이트연합 같은 산유국들은 신재생 에너지 기술의 수출과 해외 태양광 발전 프로젝트에의 상업 파이낸싱에 관심을 보이고 있다.

태양광 발전 인프라 가격의 지속적인 하락, 특히 태양광 전지 가격의 하락은 북아프리카와 중동지역 국가들에게 신재생 에너지를 현실적으로 선택가능한 옵션으로 만들고 있다. 인프라 구축에 드

에너지 시장의 파워게임

는 비용이 저렴해졌을 뿐 아니라 태양광 발전 시설을 건설한 이후 소요되는 운영 비용도 화석연료 발전시설 대비 최소 수준으로 떨어졌다.

그 결과, 북아프리카와 중동의 몇몇 국가들은 증가하는 에너지 수요 충족과 지속가능하지 않은 보조금 프로그램의 삭감, 그리고 에너지 수입에의 의존도 축소를 위해 태양광 발전에 집중하고 있다.

태양광이 중동 지역에서 주요 에너지원인 화석연료를 대체할 수는 없지만, 일부 국가들에게는 에너지원을 다양화할 수 있는 옵션으로서 충분한 잠재력을 갖고 있다. 지역의 증가하는 에너지 수요를 감안하면, 중동 지역에서 태양광 발전에 대한 관심과 투자는 중단기적으로 증가할 것으로 보인다.

요르단의 경우 에너지원의 95% 이상을 수입하고 있으며, GDP의 약 16%를 에너지 수입에 사용하고 있다. 높은 에너지 대외의존도는 요르단 경제를 취약하게 만들고 있다. 2011년과 2012년, 이집트로부터의 천연가스 공급이 붕괴되면서 요르단은 저장하고 있던 에너지를 모두 소비한 적이 있다. 2013년 이라크로부터의 석유 수입이 중단되면서 비슷한 문제를 다시 겪었었다.

요르단은 에너지에 대해 상당한 보조금을 지급하고 있으며, 에너지 공급선의 불확실성은 정치적 불안정을 촉발할 가능성을 내재하고 있다. 불안정한 전기 공급체계는 이미 이웃 레바논, 이라크, 이집트에서 사회적 소요를 악화시키는 주요 요인이 된 바 있다.

그래서 요르단은 최근 태양광과 풍력, 원자력 발전을 늘려 전기 공급 원천을 다양화하기 위한 노력을 기울이고 있다. 요르단이 목표대로 2018년까지 신재생 에너지의 발전능력을 전체의 20%까지 끌어올리게 된다면, 태양광이 그 과정에서 중요한 역할을 하게 될 것이다.

가정에 태양광 패널을 설치하는 것부터 200메가와트급의 대용량 태양광 발전시설(solar park)을 건설하는 것까지 크고 작은 수많은 프로젝트들이 이미 진행중에 있다. 요르단은 신재생 에너지 프로젝트의 입찰과정을 단순하고 쉽게 만들어서 전 세계 기업들을 끌어들이고 있다. 요르단 정부의 힘만으로 신재생 에너지 활용 목표를 달성하는 것은 불가능하고, 공공부문과 민간부문간 민관 협력이 신재생 에너지 부문의 성장에 결정적인 역할을 하게 될 것이다.

모로코도 요르단과 비슷하게 같이 90% 이상의 에너지원을 수입하고 있다. 모로코는 에너지 안보를 제고하고 비용을 절감하기 위해 신재생 에너지, 특히 태양에너지에 관심이 많다.

모로코는 한 단계 더 나아가서 거울과 렌즈를 사용해서 태양 에너지를 모으는 기술을 채택, 태양 에너지 발전소를 건설하고자 하는 아이디어를 갖고 있다.

모로코는 2025년까지 전체 전기 생산의 50%를 신재생 에너지로 충당한다는 원대한 계획을 갖고 있으며, 태양 에너지가 전체 수요의 약 1/3을 충당할 것이다. 모로코는 최종적으로 전기 수출국이 되겠다는 목표를 세우고 있다.

이집트의 에너지 문제는 고질적인 것이다. 국내 석유와 천연가스 생산시설에 대한 투자 부족으로 화석연료의 생산이 지속적으로 감소하고 있는 반면, 국내 에너지 수요는 계속 증가하고 있다. 증가하고 있는 수요를 충족하기 위해 천연가스 부문에 새로운 투자를 유치하기 위한 개혁을 추진하고 있다.

천연가스 생산 증대는 전기 공급의 안정성을 높이는데 기여하겠지만, 수요의 급증이 예상되는 상황에서 다른 형태의 발전시설도 필요한 것으로 보인다.

최근 이집트 정부는 태양 에너지 개발과 관련하여 일본, 한국과 약정된 프로젝트들을 체결, 신재생 에너지 부문에 적극 나서고 있다.

사우디아리비아는 전기 생산의 대부분을 석유에 의존하고 있는데, 지금 저유가로 정부의 재정능력에 상당한 제한이 발생하고 있는 때에 국내 전기수요가 증가하는 상황에 직면해 있다.

더욱이 사우디아라비아의 국내 석유소비는 지속되기 어려운 흐름을 보이고 있다. 국내에서 하루 300만 배럴의 석유를 소비하고 있는데 이 중 약 33%를 발전용으로 사용하면서 사우디아라비아는 이미 전기 생산을 위해 세계에서 가장 많이 석유를 소비하는 나라가 되었다. 가파르게 증가하고 있는 전기 수요를 충족하기 위해 다른 발전 원천이 개발되지 않는다면, 전기 생산 목적의 석유 소비는 계속 급증할 것이다.

사우디아라비아가 점진적으로 보조금 개혁을 실행하여 국내 에너지 수요를 감축시켜 나간다고 하더라도 여전히 다른 대체 에너지원을 개발할 것으로 보이며, 태양 에너지가 주요한 역할을 하게 될 것이다.

현재 사우디아라비아는 전기 생산 중 신재생 에너지의 비중을 2020년까지 8%, 2030년까지 15%로 늘리겠다는 정책목표를 책정하고 있는데, 대부분을 태양광 발전에서 충당할 계획이다. 하지만 과거 사우디아라비아는 신재생 에너지 관련 정책의 타임라인을 계속 늘려온 바 있다.

사우디아라비아는 태양 에너지 기술을 수출하는데 큰 진전을 이뤘다. 사우디아라비아 기업인 ACWA power는 모로코와 요르단, 남아프리카와 터키 등의 여러 태양 에너지 프로젝트에 관여하고 있다. 국내 태양광 발전 부문이 계속 개발되고 지역의 태양 에너지 프로젝트들이 늘어나면서 사우디아라비아는 태양 에너지 기술 수출국으로의 역할을 계속 수행할 것으로 보인다.

아랍에미레이트연합은 신재생 에너지의 금융 공급자와 개발허브로 자리매김하고 있다. 아랍에미레이트연합에는 국제신재생 에너지기구(IREA, International Renewable Energy Agency) 본부가 위치해 있고, 신재생 에너지 및 일반 에너지 모두에 포커스를 맞춘 중요한 컨퍼런스들을 개최하고 있다.

더 나아가 아랍에미레이트연합은 자신들이 보유하고 있는 풍부한 화석연료 자원을 크고 작은 신재생 에너지 프로젝트들을 개발하는데 활용하고 있는데, 이는 자원이 부족한 요르단이나 모로코, 이집트와 같은 국가들은 사용할 수 없는 방식이다.

아랍에미레이트연합은 자체, 그리고 해외와의 합작을 통한 적극적인 기술 개발, 전 세계의 관련 프로젝트들에 대한 금융공급 등을 통해 지역에서 태양 에너지 부문의 리더로 부각되고 있다.

Masdar는 아랍에미레이트연합 신재생 에너지 연구와 개발을 담당하는 기관으로, 소규모 국부펀드중 하나인 Mubadala Development Company와 협조하여 중동, 아프리카, 남아메리카와 태평양 제도의 프로젝트들에 참여하고 있다.

알제리는 태양광 발전과 관련하여 원대한 계획을 갖고 있다. 2030년까지 22기가와트 용량의 신재생 에너지 발전 능력을 확충하고, 그 중 13기가와트를 태양광 발전으로 충당한다는 것이 목표이다. 이 정도는 국내 수요의 거의 25%를 충당할 수 있을 뿐 아니라 상당 부분을 수출할 수 있는 수준이다.

알제리 정부는 태양광 발전능력을 확충하는 프로젝트에 대한 투자 유치에 진전을 보여 왔다. 2015년 250메가와트급의 발전시설이 설치되었고, 금년 추가적인 작업을 진행하고 있는 등 2020년까지 15%의 전기를 태양 에너지로부터 생산하겠다는 목표에 따라 관련 프로젝트들을 추진하고 있다.

중동 지역에서 태양 에너지의 역할은 계속 높아질 것으로 보인다. 태양광 발전은 화석연료 발전과 단가가 비슷하거나 더 낮아지는 이른바 'grid parity'에 근접하였다. 앞으로 태양광 발전 단가는 더 낮아질 것으로 보인다. 하지만, 태양광 발전으로 생산한 에너지의 저장 기술이 충분히 발달하기 전까지 신재생 에너지가 전력망에 완전히 편입되는 데는 제한이 있을 수 밖에 없다.

태양광 에너지는 향후 예측가능한 미래 범위에서는 화석연료의 보조적 역할에 머물겠지만, 중동과 북아프리카 지역에서 에너지 조합상 지금보다 비중있는 역할을 할 것으로 보인다.

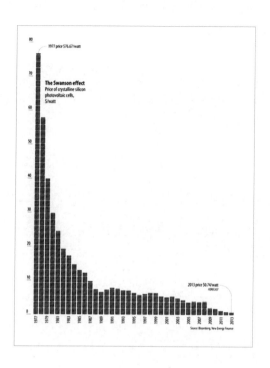

    개발 초기 몇몇 국가들은 기술과 자본에서 다른 국가들에 대해 의존할 수밖에 없겠지만, 시간이 지나면 성장하는 신재생 에너지 부문에 대해 국내 기업들이 투자를 하게 될 것이고 에너지 수급원과 전기 생산 원천을 다양화하여 에너지 자립을 지원할 것이다.

    태양광 발전이 화석연료 발전을 완전히 대체하는 것은 아니지만, 전기 생산을 위한 에너지 조합 상 비중을 높일 여지가 있는 것은 분명하다. 특히, 대형발전 시설과 전력배분 인프라가 제대로 구축되지 않은 아프리카 같은 낙후 지역의 경우 더욱 그러하다.

태양광 발전 잠재력이 높고 마이크로터빈을 가동할 수 있는 천연가스 자원이 부족하여 현재 전기가 제대로 공급되지 않고 있는 지역들에서 태양광 발전은 오염없고, 저렴한 전기 공급 수단이 될 수 있다.

낙후된 국가에서 전기 공급이 제대로 되지 않거나 불안정할 경우 시민 소요가 발생하곤 한다는 사실을 감안할 때, 상대적으로 저렴한 태양광 발전이라는 옵션은 매력적일 수밖에 없다.

에너지 시장의 파워게임

11

중국의 미국 에너지 시장 투자

중국이 두 자릿수에 달하는 급격한 경제성장을 기반으로 국제 석유시장에 영향을 미치기 시작한 것은 2000년대 초반으로 당시 에너지 부문은 미국-중국 관계의 전략적 경쟁, 불신, 그리고 잠재적인 갈등의 원천이 될 것으로 보였다.

미국 입장에서는 중국 석유 수요의 폭발적인 성장이 국제 석유 공급 능력을 추월하여 미국이 필요로 하는 석유자원 가격을 더 끌어올리고 잠재적으로는 중동의 안보를 위협할 수 있다고 우려하였다.

중국 입장에서 베이징의 정치 지도자들은 중국 경제가 갈수록 해외에서 수입하는 석유와 천연가스에 의존하게 되면 미래에 있을 지도 모르는 미국의 해양 군사 봉쇄 조치에 의해 중국의 경제 안보가 위협받을지도 모른다고 우려하였다. 그래서 중국의 지도자들은 해군력을 강화함과 동시에 미국의 영향력이 덜한 국가들과의 에너지 공급계약을 체결하는데 집중하였다.

이와는 별도로 중국 기업들은 미국의 에너지 부문에 대한 투자에 적극 나섰다. 중국의 미국 석유산업에 대한 직접 투자는 주로 중국 국영석유회사들이 미국 내 석유자산을 취득하는 방식으로 이루어졌다. 중국 국영석유회사들은 전 세계 석유 생산자산을 취득하는 전략을 취하고 있으며, 미국에서는 석유와 천연가스의 운영권을 가지지 못하는, 채굴권(leasing)에 대해 소규모 지분을 취득하는 형태로 진행되었다.

CNOOC(Chinese National Offshore Oil Corporation)는 노르웨이 Statoil의 멕시코만 대륙붕 리스의 소규모 지분을 갖고 있고, Chesapeake Energy의 이글포드 리스와 콜로라도, 와이오밍 리스의 33% 지분을 보유하고 있다.

CNOOC는 미국 내 리스의 다양한 지분 취득을 위해 총 40억 달러를 투자하였는데, 중요한 것은 수익을 배분받을 권리만 있을 뿐 운영에 대해 관여할 권한은 없다는 점이다.

일부 중국회사들은 미국의 앞선 시추 기술 획득을 추구하였다. 2011년 중국의 Sinopec과 CNOOC, 사우디아라비아의 국영석유회사인 아람코사는 모두 텍사스에 본사를 두고 있는 셰일 E&P와 서비스 특화회사인 FTS International Services LLC의 지분 매입을 시도하였다.

중국 회사들과 사우디 Aramco는 Frac Tech사 매입을 통해 이 회사가 보유한 기술과 시추 전문성을 자국의 셰일 개발에 사용하는데 관심이 있었다.

이러한 투자들은 미국 회사들이 필요로 하던 자본을 공급하는 효과가 있었다. 예를 들어 2012년 Sinopec이 Devon Energy사가 보유하고 있던 석유와 천연가스 리스의 소규모 지분에 25억 달러를 투자하였고, Devon Energy사는 이 투자금을 회사의 부채 상환과 시추 활동 확장에 사용하였다.

Rhodium Group의 데이터에 따르면 중국 회사들은 2013년 미국 석유가스 자산에 32억 달러 이상을 투자하였는데, 그로부터 1년 후인 2014년에는 국제시장에서 유가가 하락하면서 거의 투자가 이루어지 않았다.

미국 전역에 신재생 에너지를 개발하고 생산할 사업 기회가 있지만, 상업적인 환경은 각 주별 정책에 따라 크게 다르다. 일부 주들은

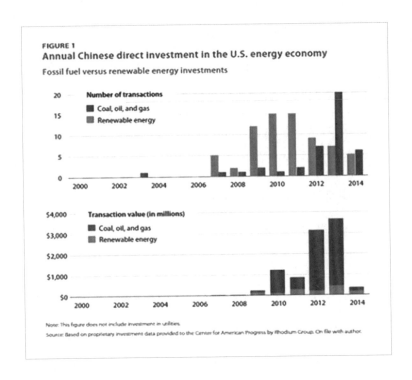

FIGURE 1
Annual Chinese direct investment in the U.S. energy economy
Fossil fuel versus renewable energy investments

Number of transactions
■ Coal, oil, and gas
■ Renewable energy

Transaction value (in millions)
■ Coal, oil, and gas
■ Renewable energy

Note: This figure does not include investment in utilities.
Source: Based on proprietary investment data provided to the Center for American Progress by Rhodium Group. On file with author.

청정에너지에 대한 투자유도를 위해 적극적인 정책을 펴고 있다. 중국 기업들의 이 부문 투자도 주별로 차이가 있다.

캘리포니아는 특별히 청정에너지에 대한 인센티브 정책을 강력히 전개하고 있으며, 각급 정부가 다양한 청정에너지 부문에서 투자 인센티브를 제공하고 있다. 캘리포니아는 RPS(Renewable Portfolio Standards)를 시행하고 있는데, 이에 의하면 주에서 전기를 공급하는 회사들은 2020년 말까지 판매하는 전기의 33% 이상을 신재생 에너지원에서 생산해야 한다.

캘리포니아는 미국 내 다른 어떤 주보다 태양광 발전능력이 우수하고 가장 높은 전기자동차 사용비율을 갖고 있으며, 풍력 발전 능력은 미국 내 두 번째이다.

중국을 포함한 외국인 투자자들은 캘리포니아의 신재생 에너지 부문 투자에 매력을 느끼고 있고, 중국 기업들은 대표적으로 BYD가 Lancaster에 전기버스 생산공장 건설을 추진하는 등 여러 프로젝트에 투자하고 있으며 태양광 발전 부문에도 1억 달러 이상을 투자하였다.

뉴저지도 캘리포니아와 유사하게 일정 비율 이상의 전기를 신재생 에너지원으로부터 생산하도록 강제하는 RPS를 가지고 있고, 신재생 에너지에 대한 인센티브 프로그램(Renewable Energy Incentive Program)을 갖추고 있다.

뉴저지 RPS는 특히 태양광 발전에 포커스를 맞추고 있는데, 주 정부는 매립지나 브라운필드, 그리고 용처가 제한되어 있는 사이트에 태양광 발전시설을 건설하는데 대해 인센티브를 제공하고 있다.

이러한 정책들에 따라 뉴저지는 미국 내 태양광 발전 부문에서 리더로 부각되고 있다. 태양광 발전 시설은 캘리포니아, 애리조나에 이어 미국 내 3위이고 중국 기업들의 투자 유치에도 적극적이다.

중국 기업들은 태양광 발전시설 프로젝트에 투자하거나 태양광 발전시설을 직접 건립하였다. 중국개발은행(China Development Bank)는 태양광 발전시설을 설치하는 프로젝트에 파이낸싱을 제공하였다.

텍사스는 대부분의 화석연료 부문 투자가 이루어지는 석유가스 산업 중심지이지만, 청정에너지 부문에서도 리더이다. 텍사스도 RPS와 신재생 에너지회사에 대한 세제 혜택 제도를 갖추고 있고, 서부의 풍력발전 집적지에서 생산된 전기를 수요처인 동쪽 휴스턴과 도시 지역으로 운송하는 효과적인 배전 네트워크가 구축되어 있다.

2014년 주정부는 텍사스기업펀드(TEF, Texas Enterprise Fund)와 텍사스 신기술펀드(TETF, Texas Emerging Technology Fund)를 재원으로 5,000만 불 이상을 신재생 에너지 프로젝트에 후원하였고, 효과적으로 신재생 에너지 시장이 만들어졌다.

텍사스주는 풍력발전과 바이오디젤 생산에서 미국내 1위이고, 신재생 에너지 분야 일자리 수에 있어서는 미국내 2위이다.

특히 풍력발전 분야에 강점을 갖고 있는데, 국가 기준으로도 텍사스주보다 풍력발전 능력이 높은 나라는 전 세계에 5개국에 불과하다.

2012년 중국의 A-Tech Wind Power는 Lynn county에 61메가와

트 급 풍력발전 시설 건설 프로젝트에 1억 달러 이상을 투자하였고, 2013년 Ralls Corporation은 Lubbock 인근에 20메가와트급 풍력 발전 시설 개발 권리를 획득하였다. 텍사스의 풍력 발전 관련 프로젝트들이 제공하는 일자리의 수는 17,000개 이상이고, 외국인 직접투자는 이런 규모의 일자리 창출에 중요한 역할을 하고 있다.

여기서 미국 에너지 시스템의 모든 부분이 외국인 직접투자에 개방되어 있는 것은 아니라는 것을 주목해야 한다. 중국 국영회사가 미국 전력망의 핵심 부분을 획득하게 된다면, 이 회사는 만약에라도 발생할 수 있는 미국-중국간 갈등시 시설을 미국 경제를 통제하고 위협하는데 활용할 여지가 있는 것이다. 그래서 미국은 이런 투자의 경우 안보 차원에서의 검토를 거치도록 하는 절차를 갖추고 있다.

구체적으로는 미국 재무성의 외국인직접투자위원회(CFIUS, Committee on Foreign Investment)가 외국인 직접투자가 국가안보에 위협이 되는지 여부를 검토할 권한을 갖고 있다. CFIUS의 검토 결과, 국가안보 위협 가능성이 있다고 결정되면, 위원회는 관련 주체들에게 계약 조건의 변경이나 계약 자체를 무산시키도록 강제할 수 있다. CFIUS는 최근 몇 년 동안 중국기업들의 에너지 부문 직접 투자에 대해 면밀하게 검토해 왔는데, 특히 중국 입장에서는 미국이 어떤 형태의 투자를 환영하는지 알아내기 위해 촉각을 곤두세워 왔다.

2005년 중국 CNOOC는 미국 E&P 회사인 Unocal Corporation에 대해 185억 달러 규모의 요청하지 않은 인수제안(unsolicited bid)을 한 바 있는데, 이는 워싱턴 D.C.에 격렬한 정치적 논쟁을 야기하였다. 의회의 많은 의원들이 중국 국영기업이 미국의 석유자산에 대해 완전한 통제권을 가지게 할 수는 없다는 이유를 들어 거래에 반대하였고 CFIUS에 거래를 승인하지 말 것으로 요구하였다. 결국 CNOOC는 거래가 승인되기 어렵다는 사실을 깨닫고 매입제안을 철회하였다.

2012년 Ralls Corporation은 오리건주 에코(Echo)시 인근에 10메가와트급 풍력발전 시설을 개발할 수 있는 권리를 취득하는데 2,000만 달러를 투자하였다. CFIUS는 풍력발전 시설 예정지가 해군기지 인근이기 때문에 안보문제가 있을 수 있다고 우려하였고, CFIUS의 권고에 따라 오바마 대통령은 Ralls에 대해 투자금을 회수하라는 행정 명령을 내렸다.

2013년 CFIUS는 중국 Wanxiang America의 미국 배터리 기업 A123 Systems 인수를 승인하였다. 다만, CFIUS의 승인조건에 의해 Wanxiang은 A123 systems 사업 중 미국 육군과의 납품계약 부분을 인수하지 않고 일리노이주의 다른 회사에 225만 달러에 매각하였다.

2013년 CFIUS는 CNOOC의 휴스턴 넥센(Nexen)사의 멕시코만 대륙붕 리스 인수를 승인하였다. 하지만, CFIUS는 안보 위험을 최소화하기 위해 CNOOC에 대해 이 리스의 직접적인 통제 운용권을 포기할 것을 요구하였고, CNOOC가 이를 수용하여 승인이 이루어진 것이다.

2014년 말까지 중국 기업들이 미국의 에너지 산업에 투자한 금액은 총 120억 달러 수준이다. 이러한 중국 기업들의 투자는 일부 어려운 상황의 미국 기업들에게 큰 도움이 되었고, 새로운 풍력과 태양광 발전 시설 건립과 청정에너지 관련 제조 공장들의 건설을 가능하게 하였다.

일부 분석가들은 에너지 산업을 포함, 중국 기업들의 미국에 대한 직접투자가 2020년까지 2,000억 달러에 달할 수도 있다고 전망하고 있다. 하지만 모든 직접 투자 계획들이 미국 국익에 도움이 되는 것은 아닐 것이고, 미국은 CFIUS 중심의 검증 절차를 계속 유지할 것이다.

미국은 외국인 투자를 유치하는데 있어서 국가 안보의 관점에서 철저하게 검증하고 있다. 중국과는 달리 우리나라의 대미 직접투자는 크게 환영받고 있고, 각 주에서 투자유치 경쟁을 하는 것과 비교해보면 국가 간의 관계가 경제협력에도 큰 영향을 미치고 있는 것을 알 수 있다.

12

국제 해양 기술 박람회

세계 최대 규모의 해양에너지플랜트 전시회인 2016년 제48회 국제해양기술박람회(OTC, Offshore Technology Conference)가 휴스턴에서 개최되었다. 휴스턴은 이미 초여름에 들어섰지만 박람회장 분위기는 늦겨울 같았다.

OTC는 1969년 창설 이래 매년 5월 첫 주 휴스턴에서 개최되는 세계 최대 규모의 해양 기술 및 장비, 해양설비, 해양플랜트, 굴착 및 시추장비, 특수선반 건조, 수리 및 개조, 선박기자재, 조선기술 등에 특성화된 전문기술 박람회이다.

이번 OTC는 2014년 이후 2년여 간 이어진 저유가로 산업 침체의 골이 깊어지는 가운데 참관인 수 기준으로는 전년도 94,700여명에서 대폭 줄어든 68,000여명에 불과하였다.

포럼의 첫 번째 키노트 스피커로 나선 BP 업스트림의 버나드 루니(Bernard Looney) 회장이 "저유가가 평생 지속되지는 않을 것이고, 아직도 세계 인구의 절반은 가난 속에 살고 있기 때문에 개발을 위해 석유가스 산업의 역할을 요구하고 있으며, 이미 산업경기는 바닥에 도달한 것으로 본다"고 언급하는 등 주최측은 낙관적인 전망을 확산시키기 위해 노력하였으나, 전반적인 분위기는 밝지 않았다.

한국에서는 2015년보다 소폭 늘어난 36개 기업이 참여하여 현대제철 등 9개 기업이 Pavilion관에 동남권 및 현대제철 공동관을 설치하고, 한국조합 소속 7개 기업이 Arena관에 한국조합 공동관을 설치하였으며, 포스코(아레나관)/TK(아레나관)/해양플랜트 연구소(아레나관)/LS전선(NRG Center관)/하이록코리아(NRG Center관 등) 등은 독립부스를 운영하였다.

주최측이 그간 참여실적 등을 고려하여 부여하는 누적점수가 높아야만 입점할 수 있는 메인 전시관인 NRG Center에 독립 부스를 마련한 우리 기업은 작년 3개 기업(LS전선, 하이록코리아, DK록)에서 금년 2개(송현TMC-케이블, BMT-밸브)가 늘어나서 총 5개 기업이 되었다.

코트라와 산업단지공단이 지원한 시장 개척단에는 11개 중소기업이 참여해 OTC를 통해 첨단 해양 에너지 기술 현황과 트렌드를 살펴보면서 코트라가 주선한 개별상담회 등을 통해 새로운 사업 기회를 모색하였고, 그 외 많은 수의 개별 기업인들과 해양에너지 업계 관계자들이 참관하였다.

2016년 OTC는 지난 2년여 간의 산업 침체가 정점에 달한 가운데 개최되어 전시회가 임박할수록 참가비용을 감당하지 못해 전시를 포기하는 업체들이 많이 발생, 빈 부스가 300여 개의 신규 업체들로 채워지고, 그 중 상당수를 중국 등 신흥개발국 기업들이 차지하는 등 전시회 참가기업의 질과 수준 면에서도 예전보다 못하다는 평가가 주류였다.

2016년 OTC 전반을 꿰뚫은 명확한 화두는 "비용 절감"이었고, 해양 에너지플랜트 산업을 주도하고 있는 메이저 오일 기업들은 향후 3~5년간 신규 프로젝트의 발주보다는 기존 시설들의 재활용 등을 통한 비용 절감에 주력할 계획을 갖고 있어 당분간 관련 산업 침체는 피할 수 없을 것으로 보인다.

메이저 오일기업들은 기존의 해양유정의 생산성을 높이는 것과 해양에너지 플랜트를 이동하여 재활용하는 기술들에 관심을 보였으며, EPC 기업들과 서비스 기업들은 디지털 기술과의 접목을 통해 진보된 커뮤니케이션과 비용을 절감하는 기술들을 선보였다.

메이저 오일기업들의 비용 축소 압력을 1차적으로 받고 있는 EPC 기업들과 서비스 업체들도 비용절감을 위해 부품 공급업체들을 압박하고 있으며, 이에 따라 기존의 납품업체들 중에서 우수하고 저렴한 업체들로 공급망을 엄선함과 동시에 다른 한편으로는 기존 업체에 못지 않은 품질의 제품을 더 낮은 가격에 납품할 수 있는 신규 업체들을 물색하고 있는 상황이다.

지금의 산업 침체가 아직 시장 진출이 미미한 우리 기업들로서는 해양에너지플랜트 산업에의 진출을 확대할 수 있는 좋은 기회가 될 수도 있다고 판단되나, EPC 기업들과 서비스 업체들이 우량한 재무구조를 갖추고 납기를 준수할 수 있는 "신뢰성"을 전제조건으로 요구한다는 점, 가격 경쟁력이 우수한 중국 업체들의 진출이 눈에 띄게 늘어나고 있다는 점에서 긍정적인 것만은 아니라고 보였다.

우리 기업들의 진출을 확대하기 위해서는 운영 실적이 뛰어나고 품질이 우수한 제품을 저렴하게 생산할 수 있는 기업들 위주로 진출을 독려하면서 수출입 금융기관의 적극적인 보증지원 등을 통해 신뢰도를 제고하는 방안을 고려해야 할 것이다.

해양플랜트에 납품되는 많은 종류의 장비와 부품은 고부가가치 산업인데 저유가 현상은 기존업체보다는 신규 진출 업체에게 더 많은 기회를 부여하고 있다. 값싸고 품질이 우수하다면 이를 찾는 구매자들을 만날 수 있다. 지금까지는 신규 납품업자들을 거들떠보지도 않던 서비스업체들이 비용을 절감할 수 있는 방안으로 새로운 납품의 창을 열고 있다. 우리 중소기업들에게는 결정적인 기회가 온 것이다.

엄동설한의 매화꽃처럼 우리 기업들이 휴스턴에서 피어날 수 있을 것이다.

Source: Gazprom

제4부

유라시아 시대를 꿈꾸며

유라시아 시대를 꿈꾸며

필자는 1987년 미국 캘리포니아 몬테레이에 위치한 미국 국방성 소속 언어 연수원(DLI:Defence Language Institute)에서 러시아어 연수를 하였다. 우리 정부가 북방정책을 추진하면서 단기간에 러시아 전문가를 양성하기 위해서 대학보다 집중적인 교육과정을 운영하는 기관을 선택한 것이다. 강사는 전원 소련에서 온 이민자들이었고 방학도 없었다. 1년 내내 날씨가 좋아서 공부하는데 최적의 조건이었다. 교육을 받는 중에 1988년 우리나라는 동부 유럽 국가들 중에 처음으로 헝가리와 수교하였다.

행운이 따라서 2년간의 교육을 마치고 곧 바로 북방외교의 첨병으로 1990년 1월 30일 모스크바 땅을 밟았다. 대한민국 외교관 중에서 제일 먼저 소련에 입국한 것이다. 추운 겨울 날씨와 생필품의 절대 부족 상황이 힘들기는 했지만 하루하루가 흥미진진해서 시간 가는 줄 모르고 지냈다. 당시 우리 정부는 북방정책의 성과제고를 위해 연내 수교를 해야 한다는 목표를 설정했다.

6월 초 샌프란시스코에서 제1차 한소 정상회담이 개최되었고, 같은 해 9월 연내 수교라는 목표가 달성되었다. 그리고 12월에는 70여 년 동안 단절되었던 양국 관계에 종지부를 찍는 우리 대통령의 소련 방문이 이루어졌다. 1991년 8월 19일에는 소련 역사상 초유의 3일 천하 쿠데타를 경험하기도 했다. 무너져가는 소련의 마지막 몇 년 동안 모스크바에서의 외교관 생활은 흥미진진했다.

그 당시 우리 정부는 북방정책을 최우선 정책으로 추진하였다. 소련과의 다양한 경제협력 사업이 역동적으로 추진되었다. 그러나 워낙 상이한 체제와 다른 사고 방식으로 인해 구체적인 성과를 내는 데에는 한계가 있었다.

우리 정부는 시베리아 한 복판에 위치한 사하, 야쿠티아 공화국의 대형 가스전을 공동개발하는데 합의하였다. 우리 정부, 소련정부, 사하, 야쿠치아 지방 정부 3자 간의 합의문서가 1992년 옐친 대통령의 우리나라 방문 계기에 서명되었다. 그러나 사하, 야쿠티아

지역으로부터 시베리아 횡단 철도까지는 450km의 새로운 철도가 건설되어야 되었다. 파이프라인도 새로 건설해야 하는 상황이었다. 그러나 외화가 바닥난 소련 정부는 그럴 능력이 없었다. 합의는 아름다웠으나 현실은 달나라처럼 멀었다.

우리 정부가 여러 번 바뀌었지만 러시아와의 경제협력은 이름을 바꿔가면서도 꾸준히 추진되었다. 특히 에너지협력은 우리 정부의 우선 과제에서 밀려나지 않고 추진되었다. 그러나 러시아로서는 이미 개발되어 생산되고 있는 우랄산맥 인근의 유전과 가스전으로부터 생산된 가스를 유럽으로 수출하는데 주력하였다. 광활한 동시베리아 유전을 개발하는 데는 막대한 투자가 필요했기에 서두르지 않는 것 같았다. 게다가 중국의 경제발전 정도가 아직은 석유나 천연가스보다는 가격이 훨씬 저렴한 석탄을 주로 사용하는 상황이었다.

2012년 3월 필자는 주 카자흐스탄 대사로 부임하였다. 카자흐스탄과도 잠빌 해상광구 개발, 아티라우 석유화학단지 건설, 발하시 석탄화력 발전소 사업이 추진되고 있었다. 20여 년 이상 했던 일을 대사로서 추진하게 된 계기가 주어진 것은 분명 행운이었다.

그러나 대사로서 차분하고 순조로운 출발을 한 필자에게 첫 번째 난제가 제기되었다. 앞으로 러시아나 중앙아시아와의 에너지 협력 사업을 하는데 참여할 사람들을 위해 사례의 면면을 상세히 소개해 보려고 한다.

카자흐스탄의 서부 악타우항에서 대우조선해양에 의해 건조중이던 해상 시추선의 공정이 늦어지고 있다는 소식이 날아들었다. 이 시추선은 완성 후 더 북쪽에 위치한 잠빌 해상광구에 투입될 예정이었다. 잠빌 광구는 2008년 급등하는 유가를 배경으로 우리 정부의 에너지외교 성과로 확보한 광구였다.

시추선의 건조가 지연되면 연내 실시키로 예정되어 있던 시추가 무산될 가능성도 있었다. 그럴 경우 2013년 상반기까지 2공을 시추해야 하는 일정이 지연되어 복잡한 상황이 전개될 수도 있었다.

더구나 서울에서는 신정부 출범 이후 언론들이 에너지 외교가 알맹이없이 부실하였다고 연일 지적하고 있는 상황이었다. 카자흐스탄도 부실한 사례로 거론될 위험성이 있었다.

필자는 서둘러 악타우 출장길에 나섰고 악타우항의 선박 건조현장을 찾았다. 컨테이너박스 숙소에서 일주일에 6일 동안 주야 작업을 하고 있는 우리 근로자들은 나를 반갑게 맞아주었다. 강풍이 몰아치는 열악한 환경에서 고군분투하는 직원들은 필자의 방문이 몹시 반가운 것 같았다.

대우조선해양과 석유공사 전 직원들이 나와서 도열해 있었다. 신

에너지 시장의 파워게임

석우 석유공사 알마티 소장은 주 러시아 대사관에 함께 근무한 동료여서 더 반가웠다. 현장 사무소장의 안내를 받아 두 세 사람의 대표하고만 악수를 하고 브리핑장으로 들어가려는데 사무소장이 "여기까지 오셨는데 직원들 모두 손 한 번 잡아주시죠."하는 것이었다.

순간 필자는 당황했다.

"그럽시다." 하면서 한 명 한 명 손을 잡고 지낼만하냐고 묻는데 눈물을 글썽이는 사람도 있었다. 어려운 여건에서 말은 안통하고 고생들 참 많았구나 하는 생각이 들었다.

사실 초임 공관장으로서 모든 사람과 악수를 하는 것은 좀 어색했다. 정치인이나 장관도 아닌데 필자가 너무 거물처럼 행동하는 것이 아닌가 하는 어색한 마음이 들었던 것이다. 그런데 필자가 만나는 사람들은 전혀 다른 느낌으로 대사를 맞이하여 주었다. 이 날을 계기로 나는 카자흐스탄 전역을 출장하면서 우리 고려인 동포들이나 현지 상사원들을 만나면 시간을 들여서 일일이 악수를 하곤 했다.

필자는 라면과 부식물을 선물로 건넸다. 오찬을 같이 하면서 그 동안의 작업 과정과 애로사항을 들었다. 공정 지연의 주요 원인은 카자흐스탄 하도급 업체의 작업 부진이었다. 우수한 엔지니어가 충분치 않은 업체가 공기에 맞추어 제대로 작업하기는 힘든 일이었다.

그러나 카자흐스탄 정부는 프로젝트마다 자기 나라 기업과 인력, 자재를 쓰는 것을 의무화하는 로컬 콘텐츠 조항을 고집하고 있었다.

대우조선해양은 서울에서 우수 기술 인력을 즉시 현장에 증파했다. 추가비용이 발생하더라도 공기를 준수하는 것이 시급했다.

다음 날 필자는 망기스타우 주지사를 면담했다. 그는 몇 개월 전 발생했던 자나오젠 유전지대 노동자들의 유혈 충돌사태의 수습을 위해 나자르바예프 대통령에 의해 임명된 주지사였다. 중앙에서 내무장관까지 지낸 실력자였다. 필자는 주지사에게 "시추선 건조작업은 카자흐스탄 국내에서 이루어지는 최초의 선박 건조 사업이고, 나자르바예프 대통령도 관심을 갖고 있는 사안인 만큼 한국과 카자흐 양측이 모두 각자 할 일을 철저히 하여 공기 내 완성하자"고 제안했다. 주지사는 필자의 손을 꽉 잡으며 "신임 대사가 첫 출장지로 망기스타우주를 찾아준데 사의를 표한다. 공기 지연이 없도록 서로 노력하자"라고 화답했다.

필자는 악타우를 방문한 기회에 석유공사 이미찬 부장과 세관도 방문하였다. 석유공사나 대우조선해양으로서는 자재 도입하는 과정에서 세관의 협력이 절실히 필요하다고 했기 때문이었다. 세관장은 필자를 아주 반갑게 맞이하였다. 외국 대사가 세관을 방문하기는 처음이라고 하기도 했다.

아스타나로 돌아오자마자 필자는 감사 서한을 발송했다. 마음이 급한 필자는 우선 사본을 팩스로 보내도록 했다. 서한에는 당연히 시추선 건조 작업이 조만간 마무리 되도록 협조해 줄 것을 상기시켰다. 3시간 후 주지사는 답신을 보내왔다. 일주일 후 주지사는 5월말 시추선을 완성하고, 6월 14일에 진수식을 거행할 수 있도록 추진하고 있다고 재차 알려왔다.

5월말 "Caspian Explorer"로 명명된 시추선은 완성되었다. 6월 14일 카자흐측에서는 경제 부총리와 망기스타우 주지사가, 우리 측에서는 석유공사와 대우조선해양 대표들이 참석한 가운데 진수식이 거행되었다. 두 번째 악타우항을 방문하러가는 필자의 발길은 날아갈 듯 가벼웠다. 다시 만난 양측 인사들은 오랜 친구처럼 악수와 어깨동무도 하면서 서로의 노고를 위로했다. 4월초 첫 방문 때는 심각하고 긴장의 연속이었다면 이번에는 축제에 참석하는 기분이었다.

7월말 석유공사는 시추선 관련 자재와 장비 등을 하루만에 면세 통관시키는 또 하나의 쾌거를 올렸다. 석유공사 이미찬 잠빌 시추선 현지법인장이 1년 반 이상 러시아의 경우를 참조하여 카자흐측과 교섭 끝에 이룬 성과였다. 500억 원 이상의 관세를 면제받아 회사 재정에 크게 기여하였다. 석유공사측은 대사관이 관세위원회에 협조 서한도 보내고 면담도 했던 것이 도움이 되었다고 감사의 뜻을 전해 왔다.

악타우 출장에 앞서 중앙관세위원장을 만나 석유공사의 통관문제와 2011년 하반기 내내 우리업체들에게 피해를 주었던 카자흐스탄 동남부 호르고스 세관 통관 문제와 물류문제 해결을 위해 협조를 당부했다. 그는 며칠 전에 우리 관세청장과도 알마티에서 좋은 회담을 가졌다고 하면서 카자흐 정부가 획기적으로 세관 통관 절차를 개선할 예정이라고 소개하기도 했다. 시추선 무관세 통관이 이루어진 직후 관세위원회에도 공한을 보내 심심한 사의를 표했다.

그런데 8월말에 뜻하지 않았던 문제가 발생했다. 시추선의 아티라우 현장으로의 이동 배치에 앞서 시운전을 한 결과, 여러 가지 기술적 하자가 발견된 것이었다. 늦어도 8월 중순까지는 현장에 도착해야 12월 해수 결빙 전에 1차 시추가 가능했는데, 이제는 연말 전에 시추를 완료하기가 불가능해진 것이다. 무리하게 시추를 강행할 경우 1억 달러에 가까운 시추 비용만 날리고, 시추선은 곧 겨울을 맞아 해수 결빙으로 위험에 처할 가능성이 제기 되었다.

필자는 우리 대통령의 카자흐스탄 방문을 앞두고 터져 나온 상황을 그대로 서울에 보고했다. 석유공사와 한국 컨소시엄 참여업체는 연내 시추 포기를 결정하였다. 2013년 4월 이후 시추를 시작하여 연내에 2공을 시추하기로 계획을 변경하였다. 카자흐스탄의 혹한과 그로 인한 카스피해의 결빙문제는 특히 해상유전 개발의 결정적인 한계요인이다.

또한 카스피해는 다른 바다로의 접근이 용이치 않은 내해여서 시추선이 이동하여 오는 것도 불가능하다. 그래서 한국 시추선의 최초 건조가 더 큰 의미를 갖는 것이었다.

어쨌든 2012년 말까지 시추가 시작되지 못한 것은 아쉬운 일이었다. 러시아나 카자흐스탄에서 개발광구 시추가 지연된 후 광권을 박탈당한 경우가 있었던 터라 걱정이 되는 일이었다. 한국과 카자흐스탄간의 관계가 긴밀하니 우격다짐으로 광권이 몰수되는 일은 없겠지 하는 낙관론을 펼 수만은 없는 일이었다.

자원 개발은 장기간 투자해야 하고 기술적으로도 난관이 많지만 손쉽게 돈을 벌 수 있다고 판단하여 호시탐탐 남의 개발권도 가로채려는 회사들이 있다. 그뿐만 아니라 이를 담당하는 부처들 내부나 관계부처 간의 보이지 않는 이권 다툼도 유의해야 한다. 예를 들면 석유가스부, 산업신기술부, 그리고 국부 펀드 등은 협력하는 경우도 있지만 상호 견제하는 경우도 많다.

그래서 나자르바예프 대통령의 프로젝트 추진에 대한 의지를 계속 관리하는 것이 필요하였다.

가장 좋은 수단은 방송 인터뷰였다. 아스타나에서 개최되는 에너지관련 세미나나 국제 행사 때마다 하바르 방송 등의 방송사들은 사전 약속도 없이 필자에게 마이크를 들이댔다. 이유를 알아보니 나자르바예프 대통령이 한국과 카자흐스탄 간의 경제협력의 중요성을 기회 있을 때마다 강조했고, 필자와의 인터뷰는 러시아어로 진행하니 더빙을 달아야하는 추가 작업이 필요없기도 했기 때문이라고 했다. 처음에는 당황하기도 했지만 필자는 방송 인터뷰를 활용하여 우리 정부와 기업들의 입장을 카자흐스탄측에 수시로 전달할 수 있었다.

나자르바예프 대통령의 최대 관심은 대규모의 고용 효과를 수반하고 국민들에게 가시적인 성과를 보여주는 것이었다. 모든 국가 원수의 공통적인 관심사라고 치부해 버릴 수도 있지만 카자흐스탄 대통령에게는 그 무엇보다 중요한 것이었다.

1992년부터 20년간 장기 집권을 한 점, 중동의 민주화 바람을 타고 미약하지만 카자흐스탄 내에서 꿈틀거리기 시작한 민주주의에 대한 관심, 그리고 러시아에서의 반푸틴 시위 확산은 나자르바예프 대통령을 불안하게 하는 요소였다. 반면에 카자흐 국민들의 대통령 업무 수행에 대한 지지도는 압도적으로 높기 때문에 안정적인 관리를 하고 있었다.

에너지 시장의 파워게임

러시아나 중앙아시아 국가들과의 경제 협력 사업을 진행하다보면 위에 언급한 어려움이 발생하기도 한다. 그러나 이들 국가들은 21세기에 유라시아 국가들이 더 가까워지고 공통의 경제 공동체를 이룰 것이라는 희망을 갖고 있다.

우리나라는 가까운 장래에 한반도의 통일을 이루어야 한다. 그렇게 함으로써 힘찬 비상을 위해 불완전한 왼쪽 날개를 온전하게 만들어야 한다. 우리나라는 북방정책을 추진함으로써 미국과 일본 등의 해양세력과의 관계라는 한쪽 날개에 더해 러시아, 중국, 중앙아시아 등 유라시아 국가들과의 왼쪽 날개를 만드는 노력을 해왔다. 통일의 시대는 양날개의 완성을 의미하며, 우리나라와 민족이 세계무대에서 힘찬 비상을 하게 되는 것을 의미한다.

우리나라가 미국이나 호주 등과의 에너지 협력을 확대하면 러시아에 대한 협상력을 높일 수 있다. 러시아와 미국은 역동적으로 발전해나갈 동북아시아 에너지 시장에서 경쟁자로 만나게 되어 있다. 에너지 자원을 바탕으로 하는 일방적인 헤게모니는 사라지고, 공급자와 수요자 모두에게 이익이 되는 최적의 에너지 협력 모델이 나올 것이다.

무엇보다도 러시아는 한반도가 통일되면 바로 국경선이 연결되고 석유나 가스를 파이프라인을 통해 우리나라에 공급할 수 있는 중요한 동반관계 국가이다. 카자흐스탄을 비롯한 중앙아시아 국가들은 우리나라와 러시아와의 물류 교통망이 연결되면 바로 유기적으로 연결되는 위치에 있다. 이러한 국가들은 자원공급에 있어서 절대적인 가격 경쟁력을 갖고 있으므로 꾸준하게 협력관계를 발전시켜 나아가야 할 것이다.

2

국제 석유가스 시장의 변화와 우리의 에너지 정책 방향

2016년 현재 우리나라의 에너지 정책수립은 과거에 비해 한결 수월해졌다. 에너지 정책을 수입하고 집행하는데 있어서의 불가측성이 상당폭으로 줄어들 수 있는 환경이 형성되었기 때문이다.

첫째, 석유나 가스의 공급자의 증가와 생산방식의 다양화는 우리의 선택의 폭을 넓게 해주고 있다. 2008년도에는 전형적인 판매자중심 시장(seller's market)이었다면 앞으로는 소비자중심 시장(buyer's market)으로 변해갈 가능성이 높다.

둘째, 시간적인 여유도 갖게 되었다. 2008년처럼 통제 불가의 유가급상승의 현상은 당분간 나타나지 않을 것이기 때문이다.

셋째, 석유, 가스의 수입가격에 대한 협상력도 갖게 되었다. 러시아로부터의 천연가스 도입 계획은 리시아가 완강하게 높은 가격을 고수함에 따라 무산된 바 있다. 그러나 이제는 러시아도 유연성을 보일 수밖에 없는 상황으로 변화하였다.

넷째, 우리 역사상 처음으로 동맹국인 미국으로부터 안정적으로 석유와 가스를 공급받을 가능성이 높아졌다. 이 점은 우리의 경제 안보에 아주 중요한 의미를 갖는다. 수많은 국제 분쟁과 국제 정치적인 변수에 의해서 급등락을 반복적으로 보일 가능성을 최소화할 것이다.

우리나라는 이러한 유리한 조건들을 활용하여 가장 효과적인 정책을 신속히 수립하고 추진해 나가야 할 것이다

유가 하락이 시작된 것은 2014년 하반기로, 그전까지 대부분의 전문가들은 상당 기간 고유가가 지속될 것으로 전망하고 있었고, 지금과 같은 폭락을 예상한 경우는 거의 없었다.

지금의 저유가 시대를 불러온 주요한 원인은 국제 석유시장에서의 과잉공급이고, 구체적으로는 셰일 혁명의 결과다. 과거보다 미국에서 하루 약 500만 배럴의 원유와 막대한 양의 천연가스가 시장에 쏟아져 나오고 있기 때문에 하루 200~300만 배럴의 원유가 남아도는 것이다. 미국은 하루 1,800만 배럴의 원유를 필요로 하는 세계 최대의 원유 소비시장이고, 1859년 '석유시대'의 개막을 주도한 산유국이지만 2010년 셰일 혁명이 본격화되기 전까지는 하루 원유 생산량이 500만 배럴 수준에 불과했다. 이런 이유로 에너지 수요 대부분을 외국으로부터 들여와야 하는 세계 최대 원유와 천연가스 수입국이었으며, 에너지 안보를 걱정하여 닉슨 대통령 시절인 1975년부터 자국 생산 원유의 해외 수출을 금지시키기도 했었다.

　하지만, 수십 년 간의 연구결과 기술개발이 이루어져 셰일층으로부터 원유와 천연가스를 본격 추출하게 되면서 미국은 사우디, 러시아와 1위를 다투는 산유국이 되었고, 국제 석유시장의 움직임을 결정하는 스윙 프로듀서가 되었다. 160여 년의 전통을 지닌 구태의연한 석유산업에서 새로운 혁신적 기술을 도입하여 막대한 부가가치를 창출한 셰일 혁명은 에너지 시장의 판도를 송두리째 바꾸어 놓았다.

　셰일 혁명은 이제 시작에 불과하다는 것에 주목해야 한다. 셰일은 역사상 존재했던 어떤 화석연료 자원보다 리드타임이 짧아 수요 변화에 탄력적으로 대응할 수 있다. 새로운 유정을 뚫어 원유를 생산하는데 필요한 기간이 1~2주일에 불과하고, 이를 항만이나 수요처에 수송할 수 있는 파이프라인과 인프라가 잘 갖춰져 있다. 만약 유가가 회복되어 경제성이 좋아진다면 미국은 불과 1~2주만에 하루 100만 배럴 이상의 원유를 추가 생산할 수 있는 능력을 갖고 있다.

주목할 것은 미국산 원유의 80% 이상이 메이저 석유회사나 국영 석유회사가 아닌 소규모의 독립 회사들에 의해 생산되고 있다는 것으로, 시장 원리에 따라 움직일 뿐 과거 OPEC가 그랬던 것처럼 국가정책에 의해 조정되기 어렵다는 점이다. 많은 전문가들이 앞으로 상당기간 저유가가 지속될 것으로 전망하고 이른바 "New Normal Price"시대가 개막되었다고 진단하는 것은 바로 셰일오일 생산의 높은 탄력성과 낮은 국가 관여 가능성에 근거하고 있다.

미국에서의 셰일 혁명은 수년 만에 국제 석유시장을 판매자 우위 시장에서 구매자 우위 시장으로 180도 전환시켰다. 에너지 수입 의존도가 95%에 달하고 1차 에너지의 절반 이상을 석유와 천연가스(LNG)에서 조달하고 있는 우리나라에게는 아주 유리한 시장 환경이 조성된 것이다. 무역 의존도가 높은 우리나라가 2015년 세계 경제 침체로 무역 거래 규모가 5년 만에 1조 달러 아래로 떨어졌음에도 불구하고 사상 최대 규모의 무역수지를 거둔 것은 원유와 LNG 가격 하락에 힘입은 바가 크다.

단기적인 유가 하락의 혜택을 누리는 것보다 중요한 것은 국제 에너지 시장의 근본적인 변화에 대응하여 장기적인 정치적, 경제적 이익을 극대화할 수 있도록 우리의 중장기 에너지 수급 전략을 다시 검토할 필요가 있다는 점이다.

우리나라는 원유의 84%, LNG의 절반 정도를 중동에서 들여오고 있는 등 특정 지역에 대한 의존도가 매우 높기 때문에 해당 지역의 정세 변화에 민감하고 가격 협상력이 떨어진다는 취약한 에너지 수급 구조를 가지고 있다. 작은 물량의 석유나 LNG 도입에 차질이 생겨도 산업에 막대한 타격을 입을 수 있기 때문에 중동 정세의 급변에 불안해하고 늘 을(乙)의 입장에서 석유를 사와야 했으며, 국제 가격보다 높은 프리미엄을 지급하는 것도 빈번한 일이었다. 동남아시아 일부와 호주를 제외하면 사실상 대안이 없었다는 점도 그러한 수급 구조를 가질 수밖에 없었던 이유다. 한국 뿐 아니라 일본도 중동 지역에 대한 의존도가 높다는 점, 동아시아 시장이 전 세계에서 천연가스 가격이 세계에서 가장 높은 곳이라는 점도 그러한 여건이 반영된 결과였다.

2008년 글로벌 금융위기가 발생하기 전 과열되었던 에너지 가격 상승 현상도 현재로서는 일어나기 힘들게 되었다. 이러한 상황 변화에 따라 등떠밀려 높은 가격에 해외 유전을 확보할 필요는 없어졌다. 특히 시추 한 번에 2억 달러 정도가 소요되는 심해저 개발은 신중하게 추진해야 할 것이다. 그런 프로젝트들은 풍부한 경험과 기술력 그리고 대규모 자본력을 갖춘 메이저 기업들의 몫이라는 것을 인정해야 한다. 시추 경험없이 기술 개발이 이루어 질 수는 없다. 심해저 개발은 초기 시추부터 막대한 자금이 소요된다. 일단 매장량이 확인되고 상업생산을 시작하면 대개는 30년 이상 계속 생산이 가능하기 때문에 운영비용이 감소하면서 높은 수익도 올릴 수 있다. 메이저 기업들이 단기간의 유가 등락에도 불구하고 꾸준히 심해저 개발에 나서는 이유이다.

이제 우리는 우리가 할 수 있는 방법으로 에너지를 안정적으로 확보하는데 주력해야 할 것이다.

첫째, 여러 가지 에너지 확보 방안이 있을 수 있다. 전통적인 석유와 천연가스의 개발 사업은 아직도 필요하다. 그러나 세계적으로 개발할만한 육상 유전은 거의 다 개발되었다는 평가이다. 생산 광구를 획득하는 경우에도 채굴가능 원유량과 경제성에 대한 충분한 분석이 이루어진 후에 계약에 나서야 할 것이다. 쇼핑의 기회는 다양하게 나타날 것이다. 일확천금의 망상은 철저히 배격하여야 한다.

둘째, 파리 기후변화협약 시대에 대비해야 한다. 태양광 패널 가격이 놀라울 정도로 저렴해지면서 대체 에너지로서 각광받고 있다. 파리 기후변화협상이 타결됨에 따라 우리나라는 이산화탄소 배출량을 줄여 나가야 한다. 회원국들이 얼마나 충실하게 합의사항을 이행할지는 확실치 않지만 우리로서는 약속을 철저히 지켜야 한다는 전제하에 에너지 수급 계획을 세워야 한다.

셋째, 리스크가 적은 셰일오일, 가스 분야에는 늦기 전에 진출하는 것이 바람직하다. 더욱이 미국은 정치안보상 우려도 없는 지역이다. 미국 셰일 유전도 어느 날 갑자기 매입할 수는 없다. 프레킹 기술과 관련 법규를 철저히 연구한 후에야 가능하다. 텍사스와 오클라호마에서 활약중인 우리 엔지니어 과학자들의 충실한 자문을 받고 유전에 대한 평가의견을 들어야 한다.

2016년 6월 파나마 운하의 확장공사 완성으로 대형 유조선이나 LNG선의 통과가 가능하게 되어 운송비도 현저하게 낮아질 것이다. 이미 우리 기업 두 곳이 미국 루이지애나와 텍사스에서 생산되는 LNG를 당장 내년부터 연간 350만 톤, 2019년부터는 연간 570만 톤을 구매하기로 결정한 바 있다. 미국산 원유는 이제 막 수출이 시작되었기 때문에 어떻게 진행될 것인지 당분간 시장 상황을 주시해야 하고, 중동산 중(中)질유에 최적화된 우리 정유시설에서 미국산 경질유(light sour oil)를 정유할 때 추가적인 장비나 과정이 필요한지 여부 등 기술적인 사항들의 추가 검토가 필요하기는 하지만, 장기적으로 도입 여부를 적극적으로 검토해야 한다. 경제성이 판단의 기초가 되어야겠지만, 미국으로부터의 원유와 LNG 도입은 에너지 도입선의 다변화를 추구하는 우리 정책방향과 일치하고, 양국 간 동맹을 바탕으로 안정성도 확보된다.

한 가지 더할 점은, 미국이 보유하고 있는 셰일오일 자원은 현 시점에서의 전 세계 셰일오일 매장량 추정치의 10%에 불과하다는 것이다. 화석연료, 특히 석유가 여전히 가장 중요한 에너지 자원의 지위를 차지하고 있는 이상, 미국의 셰일개발이 아르헨티나 등 중남미, 중국과 중앙아시아 등 세계 각지로 확산되는 것은 시간문제일 수 있다. 우리 기업들이 미국 석유가스 산업에 진출하여 셰일개발 경험과 기술을 축적한다면, 머지않은 장래 세계 각지에서 우리 기업들이 셰일오일 생산에 참여하는 모습을 보게 될 것이다.

넷째, 러시아를 비롯한 중앙아시아 국가들과의 에너지 협력이다. 우리나라와 가장 가까운 위치에 있고 통일의 시대에는 가장 가까운 파트너 국가들이 될 수 있는 나라들이다. 동시베리아의 유전과 가스전은 아직도 많은 투자를 기다리고 있다. 이러한 자원들이 개발되면 우리나라를 비롯한 중국, 일본이 1차적인 소비국가가 될 것이다.

지난 30여 년 동안 서로 탐색전을 해왔다고 치면 이제는 본격적인 협력 방안을 찾아 볼 때가 되었다. 러시아와 중앙아시아 국가들은 산업입국을 향한 초기 단계에 있다. 한국형 경제성장 모델을 베끼는 것은 아니지만 그들에게는 매력적인 모델임에 틀림없다. 1990년 러시아와의 국교수립이래 서로를 알고 이해하는 기간을 거치면서 협력의 토대는 다져졌다. 한반도 통일이 폭발적인 협력의 모멘텀이 될 것이다. 이들 국가들과의 협력증진은 우리뿐만 아니라 북한에게도 세상을 향해 나올 수 있는 통풍구가 될 것이다. 동시베리아의 경제협력 프로젝트에 북한 노동인력 방안이 등장하는 것은 우연한 일이 아니다.

다섯째, 기술개발에 집중해야 한다.

우리 정부의 에너지 정책은 에너지 산업의 새로운 환경에 맞추어

수립되어야 한다. 당분간은 과잉 공급이라는 현상이 지속되겠지만 너무 낙관적인 판단은 미래에 풀 수 없는 족쇄가 될 수 있다.

에너지 산업의 경직성에 주목해야 한다. 국제 정치적 변화에 따른 변수는 항상 에너지 시장의 교란 요인이 될 수 있는 만큼 이에 대한 철저한 대비가 필요하다.

기술 개발은 너무 늦었다는 패배주의를 버리고 꾸준히 진행해야 한다. 에너지 분야가 그동안 체계적인 연구가 덜 이루어진 분야라는 것을 솔직히 인정하고 이제부터 본격적인 기술 개발 전략을 구사해 나가야 한다.

과거 우리나라가 어떠한 산업에서도 세계 선두인 적은 없었지만, 반도체, 전자, 자동차에서 주도적 국가의 지위에 오른 것을 보라. 오늘 탄탄한 계획을 세우면 10년 후에는 놀라운 변화의 결실을 맛볼 수 있을 것이다.

세계화에 따라 점점 더 투명해지고 치열해지는 경쟁 구도에서 살아남는 방법은 남보다 뛰어난 기술력을 갖추는 것이다. 당연해 보이지만 쉽지 않은 일이다. 그래도 가야만 하는 길이다. 최근 몇 년 동안 우리의 해외건설, 플랜트수출, 해양설비 산업에서 예상 밖의 커다란 손실을 입고 있는 현상은 절대 간과할 수 없는 일이다.

여섯째, 통일의 시대에 대비해야 한다.

통일이 될 경우에는 에너지 자원의 확보는 무엇보다 중요해진다. 북한 지역에 새로운 산업시설, 발전소 등 인프라 건설이 이루어지기 위해서는 그 무엇보다도 중요한 것이다. 남북한이 하나의 경제권으로 통합되고 유라시아 대륙과 유기적으로 연계된 강력한 경제 주체를 만들어 가는 것이 필요하다.

석유와 가스의 가격이 역사적인 저점에 머물고 있는 현재가 이러한 전략을 수립할 수 있는 최적의 시기이다.

참고 문헌

1. The Boom, Russell Gold, Simon &Schuster Paperbacks, 2014

2. The frackers, gregory Zuckerman, Portfolio/Penguin 2013

3. Great negotiations, Fredrik Stanton, Westholme Yardley, 2011

4. From Soviet to Putin and Back, Michael J. Economides and Donna Marie D'Aleo, 2008

5. The Prize, Daniel Yergin, Free Press 2009

6. The Quest: Energy, Security, and the Remaking of the Modern World, Daniel Yergin, The Penguin Press, New York, 2011

7. Barbarians of Oil, Sandy Franks and Sara Nunnally, Wiley 2011

8. Oil's Endless Bid, Dan Dicker, Wiley 2011

9. The big rich, Bryan burrough, Penguin books, 2009

10. Crude World, Peter Maass, Alfred A. Knopf, New York 2009